내가 하나의 풍경이 될 때

현 대 수 필 가 1 0 0 인 선 · 61

내가 하나의 풍경이 될 때

김애자 수필선

좋은수필사

■ 책머리에

수필은 누구나 부담 없이 읽고, 마음만 먹으면 직접 쓸 수도 있는 가장 친근한 문학이다. 다른 영역의 문학이 영상매체에 밀려 신음하고 있는 중에도 수필 인구만은 날로 증가하여 바야흐로 수필 전성시대를 구가하고 있는 이유도 거기에 있을 것이다.

시대적 추세에 힘입어 수많은 수필전문지, 수필동인지가 창간되고, 이에 비례하여 신진 수필가도 날로 늘어나다 보니 이제는 그 많은 작가, 그 많은 작품 중에서 문학성 높은 작품을 가려 읽는 일이 쉽지 않게 되었다. 이런 현상은 작가에게나 독자에게나 결코 바람직한 일이 아니다. 더 나아가서는 수필을 연구하는 후세들에게도 큰 부담이 될 것이다.

이런 문제를 해결하는 데는 출판인도 마땅히 한몫을 감당해야 한다는 평소의 소신에 따라, 본사가 기꺼이 그 역할을 맡기로 했다. 그 첫 번째 사업으로 시대를 대표할 만한 수필가 100인을 선정하고, 작가가 자선한 40편 내외의 작품을 수록한 문고본을 발간하여 이를 널리 보급함으로써 그 소임을 다하고자 한다.

본사는 사명감을 가지고 이 사업을 추진해 나가기로 했다. 작가 선정을 전담할 편집위원회를 구성하고 전권을 위임하여 일체의 사적인 정실이나 청탁을 배제함으로써 전문성과 공

정성을 확보해 나갈 것이다.

따라서 이 기획물 속에는 작가의 문학정신뿐만 아니라, 본사의 문학사적 기여 의지와 편집위원 제위의 수필문학에 대한 애정과 문인으로서의 양심이 함께 담겨 있음을 자부한다. 다만, 작가를 선정하는 기준에는 많은 견해의 차이가 있을 수 있고, 선정 과정에서도 미처 챙기지 못한 부분이 있을 것이라는 사실만은 인정하지 않을 수 없다. 이 점에 대해서는 관계자 여러분의 양해 있으시기 바란다.

이 시리즈의 발간 순서는 작가, 또는 본사의 사정에 의한 것일 뿐 그 밖의 어떤 기준도 적용하지 않았음을 밝힌다.

본 기획물이 시대를 초월한 많은 수필 애호가들의 관심과 애정 속에 우리나라 수필문학 발전에 한 이정표가 되기를 바랄 뿐이다.

2010년 7월

좋은수필 발행인 서 정 환

현대수필가 100인선 간행 편집위원 박 재 식 최 병 호

정 진 권 강 호 형

변 해 명

1_부

立春大吉 · 12
6월, 그 하나의 불티를 · 16
숨은 촉 · 21
겨울 이야기 · 25
매화로 피운 봄 · 29
어머니의 판토마임 · 33
털신 한 켤레의 정물 · 38
원점회귀原點回歸 · 44

2_부

낙엽이 질 때면 • 50
카페 "샤갈"의 풍경 • 54
돌려보낸 새 • 60
징검다리에 얽힌 사연 • 64
옐로우 카드 • 69
제구실 • 72
미완未完의 집 • 77
산국을 태우며 • 82
눈길 • 87

3_부

어머니의 歸去來辭 • 94
방하착 • 99
찰밥과 깻잎장아찌 • 103
캠프에는 불빛이 • 107
내가 하나의 풍경이 될 때 • 111
오빠와 하모니카 • 116
어느 여름날의 실루엣 • 120
가을의 안부安否 • 125
강물만 푸르러 • 130
연민 • 135

4_부

봄눈•140
한 컷의 삽화•144
감을 깎으며•148
모순과 연민•152
춘정春情•159
겨울 강•163
어리석은 반란•168
단 한 번의 생을 위하여•175
새들은 지금•179
편지•185

▣ 작가연보•191

1부

立春大吉

6월, 그 하나의 불티를

숨은 촉

겨울 이야기

매화로 피운 봄

어머니의 판토마임

털신 한 켤레의 정물

원점회귀原點回歸

立春大吉

열흘째 영상매체와 활자에 빗장을 걸고 지낸다. 가끔씩 이렇게 문명으로부터 벗어나면 삶의 여백이 넉넉해진다. 거실 소파에 앉아 종일 앞산과 마주하여도 좋고, 군불로 달구어진 아랫목에 앉아 뜨개질을 하면서 얼음장 밑에서 두런거리는 물소리를 듣고 있으면 심신이 그럴 수 없이 편안하다. 틱낫한은 몸 안에서 몸을 관찰하고, 느낌 안에서 느낌을 관찰하고, 마음 안에서 마음을 관찰하라고 하였지만, 겨울 한철 조용한 칩거를 통해 가슴속에서 그 무엇인가 빛나고 있음을 느끼곤 한다.

요즈음 자주 산을 찾는다. 여우인지 노루인지 모를 짐승들의 발자국이 꽃잎처럼 찍힌 눈 위를 걷기도 하고, 마른 가지들이 얼기설기 드리운 그림자 속에서 낙엽 밟히는 소리를 들으며 산을 오르다 보면, 청량한 기운이 내 안으로 스며든다. 아름답고 향기로운 것들은 이렇듯 가까이 있고 내 안에서 나를 기다린다.

그러나 이러한 한유閑裕를 즐기는 것도 겨울철에나 가능하다. 농사를 전업으로 삼진 않아도 남새라도 가꾸어 밥상에 올리려면 해토머리부터 일손이 바빠진다. 가장 먼저 하는 것이 김치 광을 헐고 항아리를 파내는 일이다. 빈 항아리를 가셔내고 하늘이 내려앉도록 물을 가득 퍼 담아 울군다. 그 다음은 장을 담그는 일이다. 메주를 씻어 독에 넣고, 미리 풀어 둔 소금물을 붓는다. 소금과 메주와 물의 비율을 잘 맞추어야 장이 제 맛을 낼 수가 있는데 이것이야말로 경험을 통해 터득하지 않으면 얻어 낼 수 없는 만만찮은 일이다.

장 담그는 일을 선두로 호박 구덩이를 파고 두엄을 펴다 안긴다. 씨감자를 손보고, 마늘밭에 덮어놓았던 짚을 걷어 낸다. 짚 속에서 병아리 주둥이만큼 자란 마늘 싹이 생명의 강인함을 암팡지게 보여준다.

이쯤이면 경운기는 연일 통통거리며 거름을 싣고 흙냄새 자욱한 전답으로 나가기 시작한다. 이리되면 나에게도 입산금지령을 내린다. 남들은 바쁘다고 동동거리는데 혼자만 휘적휘적 산으로 들어간다는 것이 민망하여 스스로 산행을 삼가는 것이다. 여기선 문학이니 철학이니 예술이니 하는 것은 농작물을 생산하는 것과는 별개다. 그 어떤 진리도 학문도 농사의 생산성을 뛰어 넘지 못하기 때문이다. 사흘 굶어 도둑질하지 않을 장사 없다는 속담처럼, 결기가 대쪽 같은 선비도 배고프면 밥

한 그릇에 지조를 굽히고 비굴해질 수도 있다. 육체는 언제나 지성적이기보다는 본능적이길 원한다. 하지만 본능의 정직함을 위해 손에 연장을 들어본 지성인들이 얼마나 될까. 밥을 생산하는 이들과 한통속으로 섞여 보지 않고는 생산의 항상성恒常性이 얼마 소중한가를 깨닫기 어렵다.

낙엽송이 빼곡한 가풀진 능선을 타고 올라가면 늙은 굴참나무 한 그루가 서 있다. 마을이 한눈에 내려다보이는 이곳이 나의 산책로 종점이다. 굴참나무에 기대어 마을을 내려다본다.

산 밑에 소곳이 엎드린 가옥들이 두세두세 모여 있다. 가난에 쪼들리어도 어느 당 어느 권세 한 오리에도 손잡아 본적 없는 사람들이 엉덩이에 시퍼런 몽고반이 얼숭덜숭 찍혀 있는 조선의 자식들을 낳아 기른 집들이다. 자식이란 가족이란 삶의 힘이요, 중심이다. 그 힘과 중심을 지키기 위해 삶이 맘먹은 대로 되어지지 않아도, 시절이 아무리 수상해도 절기 한 번 거르지 않고 씨 뿌려 가꾸며 한 생을 대지에 굽스리어 살아온 본적지다.

며칠 후면 입춘이다. 아직 땅은 동면에서 깨어나지 않았고, 사람들은 들보에 메주가 달려 있고, 콩나물시루가 놓여 있는 방안에서 화투를 치면서 피박을 씌웠다고 파안대소하면서 농한기를 즐기고 있다. 정보화 시대에서도 국제 경제력에서도 하등의 소득을 올리지 못하는 계층들이다. 하나 분수에 맞지 않는 일에는 곁눈도 주지 않는다. 절망의 나락에 닿으면서 뿌리를 땅에 묻고 사는 것들의 우매함을 이해하며 사는 방식을 나름대로 터득하였기 때문이다. 농가부채란 것도 헛되이 욕심을 앞세운 사람들에게나 지는 빚이다. 산에서 내려와 붓끝에 먹물을 듬뿍 찍어 '立春大吉'을 써서 문설주에 붙여 놓는다. 이는 눈치 없이 강설을 등에 지고 눌러 앉아 있는 동장군에게 보내는 최후의 통첩이다.

2004년 초봄

6월, 그 하나의 불티를

유월은 한해의 절반에 속한다. 태양이 하지점을 통과하는 절기여서 1년 중 해가 가장 길다. 때문에 '미끈 유월' 또는 '찔하지'란 속언이 따르기도 한다.

해는 길고, 무량하게 쏟아지는 볕이 자글거린다. 배불뚝이 늙은 독은 자글거리는 볕을 끌어안아 된장의 떫은맛을 삭히고, 쟁깃발 실하게 받아넘기던 다랑 논에선 벼포기가 넌출넌출 불어난다. 나무들은 수관樹冠을 높이고, 마지막 허물을 벗고 나온 보리매미는 무조無調의 가락으로 목청을 틔운다.

건너편 산등성이에서 바람이 휘휘 달려와 밤꽃 향기를 풀어놓는다. 일순 코끝에 스치는 남성의 향기, 밤새 닿을 수 없는 사랑의 환영을 쫓다가 더는 어쩌지 못해 거친 숨결 몰아쉬며 쏟아 놓은 수음의 꽃내음.

6월은 이렇게 남성의 꽃내음으로 온 산하를 휘감는다. 그러고도 모자라서 청상의 고쟁이 속까지 넘본단다. 하나의 불티를 만나지 못해 그리도 몸을 달구는 것이리라. 애써 감추려 해도 자꾸만 근육에 실리는 성성한 힘을 주체 할 수 없어 그러는 것이리라.

6월이 오면, 비음悲吟의 멜로디가 귀울음으로 깔린다. 유혈의 전장에서 돌아오지 않는 병사들을 위하여 만들었다는 노래 〈백학〉이다. 러시아 특유의 우수와 정서가 짙게 밴 이오스프 꼬브존이 부른 〈백학〉을 듣고 있으면 정말 학이 보인다. 내 눈에 밟히는 학은 낯선 땅에서 쓰러진 젊은 영혼들이 아니다. 이승에서 차마 안쓰러워 시선조차 마주치기 민망했던 여인의 모습이다.

유년의 시절부터 지금까지 내 눈에 비친 그니의 모습은 분명 한 마리 학이었다. 해마다 현충일이 되면 충혼탑에서 위령제를 지내는 행사에 참석하기 위해 집을 나서곤 했다. 그 때 바람에 나부끼던 옥색 치마며 겨자색 생모시 적삼이며, 우물가를 돌아가던 조신한 자태와, 가늘고 긴 목선이 그럴 듯 학을 연상시켰는지 모른다. 학이 깃을 치듯 길을 나섰다가는 일몰이 온산을 술취한 얼굴로 물들일 쯤이면, 얼굴에 수심을 달고 돌아왔다. 위령제에 가면 같은 처지의 미망인들을 만날 수 있어 위로가 되었을지 모르지만, 한 편으론 남편의 죽음을 번번이 확인하는 심정이 더 참담하였을 것이다.

충혼탑을 다녀온 날 밤이면 그니는 방에 불을 켜지 않았다. 우물 속처럼 깊은 어둠 속에서 가끔씩 어린 아이의 칭얼거리는 소리와 여인의 흐느낌만 들려왔다. 숱 많은 떡갈나무 숲에선 어김없이 소쩍새가 울어 에었고, 밤꽃은 구름처럼 피어 향기를 내뿜었으며, 어린 개구리들은 길 위로 올라와 혀짧배기 딸꾹질 하듯 단음절로 비를 불렀다.

돌쩌기 하나도 암수가 있었다. 아니 만물의 형상이 음과 양의 조화로 만들어진 것들이었다. 그니는 서러웠다. 묵정지에 핀 망초꽃마저 화냥기도 없으면서 더운 숨결을 쏟아내며 미풍에도 자지러지게 몸을 떨었지만, 그니는 불두화佛頭花처럼 외로웠다. 우윳빛 살집이 아무리 흐벅져도 벌 한 마리 찾아오지 않는 무성無性이어서 사람들에게 '고녀'라는 놀림을 받는 그 꽃처럼 외로웠다. 그래서 하루에 삼천 번씩 울어 저를 지킨다는 종달새처럼, 울음으로 젊음을 소진시켜 자신을 지킬 수밖에 없었던 것이다.

그니는 열아홉에 양천 허씨 문중으로 시집을 왔다. 세 살 더 먹은 신랑과 맺은 인연이 일생을 그토록 고적하게 바꾸어 놓을 줄은 꿈에도 몰랐을 것이었다. 남편과 일심동체로 살아온 세월이란 게 고작 3개월 남짓이 전부였기 때문이다. 역사의 등줄기에 문신처럼 새겨진 6·25는 이렇게 스물두 살의 앳된 신랑을 총알받이로 데려갔다. 입대 전날 밤, 아내를 품고 또 품어도 자꾸만 소름이 끼쳐 끝내는 새댁의 가슴에 얼굴 묻고 소리내어 울었다는 청년이었다. 벌겋게 충혈 된 눈으로 집을 나가선 다시는 대문으로 되돌아오지 못했다.

여인의 자궁 속에선 아기가 자라고 있었다. 사람들은 참 다행이라고들 입을 모았고, 시어머니는 대견하기 짝이 없었다. 혈점이 생겼으니 날아가진 않을 것이었고, 문중에도 낯이 서는 일이었다. 그러나 열아홉 새댁에게 아기는 여인의 발목을 잡는 올무였다. 올무에 발목이 잡혀 있었건만 시어머니는 철저한 감시자였다. 두 사람의 경계선은 안방과 윗방을 가로지른 네 쪽의 미닫이가 전부였다. 돌아눕는 소리까지 들리는 경계선 윗쪽에서 하고많은 날을 흐느낌으로 몸을 저미는 젊디젊은 며느리를 지켜보는 시어머니의 가슴인들 오죽했을까.

올해에도 밤꽃은 필 것이다. 꽃이라 하지만 아무리 들여다보아도 어여쁜 구석이라곤 손톱만치도 없다. 그런 주제에 세상 여자들 다 후려 볼 배포로 별난 꽃내음을 산지사방으로 날려보낸다.

열정이 많은 자일수록 방황이 길고, 번뇌가 많다. 번뇌가 많을수록 크게 깨닫는 법. 밤꽃이 무성한 소문을 달고 하나의 불티를 만나기 위해 몸을 달구지 않았던들, 어찌 소슬한 바람 한 점 빌리지 않고서도 그토록 가볍게 해탈할 수 있었을 것인가. 울음으로 살을 저미던 그니도 칠십 중반이다. 주일이면 성당에서 신부님이 내려 주시는 성채를 받아 입에 무는 노안이 해처럼 밝다.

6월은 언제나 불확실하다. 한 해의 절반에 속해 있어 확실한 질서의 필연성이나 도덕적 가치를 따져 묻기엔 기가 너무 승한 탓이다. 흑장미도 열여덟 살빛으로 터져 정신 아득하게 다가오고 있질 않는가. 그 얼마나 고운 아픔이랴.

2004년 6월

숨은 촉

아침부터 굴착기가 들어와 다리 밑에 쌓인 흙을 퍼 올리고 있다. 70년대 초에 새마을 사업으로 놓였던 다리를 헐어내고 다시 놓은 다리를 정비하는 작업이 한창이다. 열 푼짜리 굿판에 떡값이 일곱 푼 격이었던 구시대의 유물이 사라지고, 철근을 촘촘히 박아가며 새로운 공법으로 소 잃기 전에 외양간 먼저 고쳐놓기 위해 벌린 공사가 시공한 지 한 달 만에 완공을 보게 되었다.

지난 여름 장마는 끔찍한 재난이었다. 일주일 동안 내리퍼붓는 물벼락으로 곳곳에서 사람들은 목숨을 잃었고, 수천만 평의 농지와 수십 채의 가옥이 토사에 묻혔다. 폭탄이 떨어진 자리처럼 폐허로 변해버린 수마의 상처는 전쟁의 상흔을 연상케 하였다. 그래도 오지마을인 이곳은 몇 군데의 산사태가 난 것과, 범람하는 물살로 약간의 농지만 유실되었다.

하지만 언제 또 물벼락이 떨어질지 몰라서 마을 사람들은 마른번개만 쳐도 어마지두 겁을 먹었다. 만일의 사태로 양달말과 음달말을 잇는 다리로 골짜기에서 불어난 물이 넘치기만 하면, 다리 아래에 있는 전답은 속수무책 흔적도 없이 쓸어버리고 말 터였다. 마을회관이나 그 다리는 새마을 사업이란 요란한 변죽의 울림으로 세운 것이어서 허울만 멀쩡했지 부실하기는 흥부네 집 울타리만도 못했다.

해서 이번 참에 변죽만 요란했던 구시대의 유물을 헐어내야 한다고 각단지게 맘먹고 나선 이가 마을 이장을 맡고 있는 남편이다. 소 잃기 전에 외양간을 먼저 고치려면 관의 눈치나 보며 부지하세월 묵새길 일이 아니었기 때문이다. 면사무소 문턱이 닳도록 쫓아다닌 끝에 수해복구작업으로 특별예산을 받아냈다.

먼저 굴착기가 들어와 낡은 다리를 시원스럽게 깨부수고, 개울바닥을 파헤쳐 물배를 잡아주었다. 곧바로 다리를 놓는 작업이 시작되었다. 가판을 짜고 철근을 자르고 엮던 날은 첫 추위가 대단했다. 수은주의 눈금이 영하 10도로 곤두박질쳤으니 목덜미를 타고 들어오는 한기가 슬골까지 파고들었다. 명색이 이장댁이다 보니 망치질 소리와 철근을 자르는 금속성의 파열음을 귓등으로 흘려버릴 수가 없었다. 라면과 커피를 끓여 놓고 집으로 불러들였다. 식탁 앞에 앉은 인부들의 언 손과 마른 입술을 보자 문득 가칠장이들 모습이 떠올랐다.

오래 전, 덕주사에서 대웅전을 짓고 있을 때였다. 단청 올리는 것을 구경하고 있었는데, 아슬아슬하게 높은 작업대 반자 위에서 대들보며 서까래며 공포를 걸레로 문지르고 부레풀을 칠하던 가칠장이들 입술도 허옇게 소금쩍이 앉았고 손은 오리발이었다. 오리발처럼 발갛게 언 손에 부레와 정분白土을 들고 낮은 곳은 쪼그리고, 높은 곳은 까치발로 매달려가면서 어느 한 모서리도 빼놓을 새라 요리조리 살펴가며 손을 놀리고 있었다. 그네들의 염엽한 손길이 거쳐가야만 나무가 마르면서 벌어진 틈과 옹이가 감추어지고, 채색이 곱게 먹는다. 금어들이 붓을 들고 기둥에 머리초를 올리거나, 천장에 비천 당초문 연화문을 환하게 피어 놓는 것도 초장에 가칠장이들이 나뭇결을 매끈하게 다듬어 놓았기 때문이다.

그 날 돌아오는 차안에서 '숨은 촉'의 의미를 되뇌었던 것은, 곱은 손으로 가칠을 하고 있는 대웅전 어딘가에 분명 촉이 끼워져 있을 것이란 생각이 들어서였다. 목조건물에는 못을 쓰지 않고 일일이 홈을 파고 끼워 맞추는 대신, 간혹 모서리를 돌리거나 대들보를 받치는 기둥머리 한 부분에 이에 짬이 생기게 되면 그 짬에 맞게 촉을 깎아지른다. 겉에선 잘 보이지 않으나 건물의 균형을 잡아주는 데는 없어선 안 될 절대의 가치를 지닌 쐐기다.

남대문보수공사 때의 일화다. 건물을 해체하려고 모였으나 어디서부터 손을 대야할지 막연했다. 일을 맡은 대목은 종일토록 건물을 살피며 돌다가, 마침내 '여기'라고 가리킨 곳은 '촉'을 끼운 곳이었다. 그곳을 시점으로 목재를 하나씩 들어내면서 일련의 번호를 매겨나갔다. 보수공사를 끝낼 때에도 그 자리에 다시 촉을 질러두었다.

목공의 귀재는 새를 깎아 하늘에 띄운다고 한다. 어떤 이는 그 새를 통해 하늘과의 통신을, 어떤 이는 접신을 꿈꿀 것이다. 하지만 우리에게 실질적으로 도움을 주는 사람은 부서진 다리를 놓기 위해 가판을 짜는 인부들이거나, 단청을 올리기 위해 정분을 바르고 문지르는 가칠장이다. 서까래 같고 대들보 같은 사람들의 위세에 가려있지만 이들이야말로 '숨은 촉'같은 존재들이다. 그들이 아니고서야 누가 슬골까지 파고드는 냉기 속에서 철근을 자르고 엮을 것이며 가판을 짜서 다리 막을 세우겠는가.

올해에는, 제 위세만 믿고 경우 없이 거들먹거리는 잘난 인사들이 물러나고, 추위에 애쓴다고 인사를 건네도 소이부답笑而不答인 이네들이 제대로 대접 좀 받으며 살 수 있는 그런 세상이 되었으면 좋겠다.

2004년 12월

겨울 이야기

산촌의 겨울은 길고 지루하다. 사람의 발길이 닿지 않는 숲은 적막하고, 들은 허허로우며 거멀장처럼 성근 나뭇가지 사이로 내리는 햇살조차 궁핍하다. 사방 어디를 둘러봐도 춥고 쓸쓸하지 않은 게 없다.

이래서 눈 내리는 날을 기다리게 된다. 진종일 눈이 오다가 그치고 다시 흩날리는 날이면 마른 잡목들이 눈꽃을 피우고, 그만그만한 집들도 자욱하게 퍼붓는 눈발에 묻힌다. 굴뚝에서 솟아오르는 저녁연기마저 잠포록한 기압의 무게에 눌려 추녀 밑으로 스멀스멀 내리깔린다.

이런 저녁 답엔 검둥이란 놈만 신바람이 난다. 공연히 눈 속에 코를 박고 냄새를 맡아보기도 하고, 혀를 내밀어 맛을 보기도 한다. 그도 심심하면 집 앞과 장독대로 길을 내는 주인에게 따라붙어 말썽을 부린다. 바짓가랑이를 물고 늘어지는가 하면, 물색없이 싸리비 끝을 물겠다고 덤벼들다가 '네 집으로 들어가라'는 불호령이 떨어지고서야 집으로 들어가선 앞발로 턱을 괴고 엎드린다. 제가 찍어 놓은 발자국 위로 난분분 떨어지는 눈송이를 지켜보는 녀석은 짖을 일없는 산촌의 무료함이 답답해 죽을상이다.

이리되면 네 시간 간격으로 들어오는 마을버스도 끊긴다. 가플진 이역재를 넘지 못해서다. 더러 장에 나갔던 사람들도 서둘러 택시비를 추렴하여 집으로 들어와 이른 저녁상을 물리고 텔레비전 앞에 앉는다. 화면에서 앵커들이 전해주는 뉴스를 통해 세상 돌아가는 소식에 귀를 기울이고, 늙은 아내는 들보에 메주가 매달린 한쪽 구석에서 콩나물시루에 물을 준다. 안노인의 어깨는 대추나무에 낀 겨우살이처럼 앙상한데, 시루에서 떨어지는 물줄기가 손자 녀석들 오줌발만치나 시원스럽다.

눈 내리는 밤에는 시집을 꺼내 읽는다. 무쇠다리를 건너온 북방의 시인 이용악 선생을 만나 검은 눈동자가 바다처럼 푸르고, 얼굴이 까무스레한 전라도 가시내의 속사정을 들어본다. 또는 소월과 함께 진두강 가람가에 서서, 해 넘어가기 전 한참은 조마조마한 제 마음을 제가 누그릴 줄 아는 지혜를 궁굴리다 보면 뜻 모를 설움이 목젖을 누른다.

그러다가 목월 선생의 시〈가정〉에 이르면 이런 감상은 슬그머니 뒤로 물러서고 만다.

알전등이 켜질 무렵, 시인의 들깐에는 문수가 다른 아홉 켤레의 신발이 놓여 있다. 十九文半의 가장은 눈과 얼음의 길을 걸어와 코가 납작한 육 문 삼짜리 막내둥이 옆에 다 헤진 구두를 벗어 놓고, 자신에게 보내는 연민이 실로 눈물겹다.

"아랫목에 모인 / 아홉 마리 강아지야 / 강아지 같은 것들아 / 굴욕과 굶주림과 추운 길을 걸어 / 내가 왔다./ 아버지가 왔다. / 아니 십구 문 반의 신발이 돌아왔다. / 아니 지상에는 / 아버지라는 어설픈 것이 / 존재한다. / 미소하는 / 내 얼굴을 보아라."

강아지 같은 새끼들 옆으로 돌아와 어설프게 미소 짓는 지아비가 어찌 시인뿐이겠는가. 눈보라 휘몰아치는 밤, 아파트 어귀에서 군고구마를 굽는 사내도 그러하리라. 고단한 몸 뉘일 방안에도 아비의 눈을, 혹은 손가락을 빼 닮은 사랑스러운 새끼들이 잠들어 있을 것이다.

어느 집이고 자식은 희망이고 버팀목이다. 가족들의 밥그릇을 책임지고 있는 가장은 때로는 눈과 얼음의 길에 넘어져 혼자 울기도 한다. 늦은 밤 도시의 뒷골목을 비틀거리며 걸어가는 어느 가장의 뒷모습은 쓸쓸하기 그지 없다. 포장마차에 혼자 앉아 소주잔을 기울이는 이도 마찬가지다.

하지만 뜰에 문수가 다른 여러 켤레의 신발들이 놓여 있을 때는, 비록 생활은 곤궁할지라도 애들의 웃음소리가 끊이질 않아 행복하다. 폐사廢寺처럼 낡은 둥지에서 일 년에 대여섯 번이나 찾아오는 자식들을 기다리며 노구를 일으켜 혼자 밥을 지어먹는 것보다 몇 배는 행복하다.

눈발이 굵어지면 된새막이 대숲에서 후드득 눈덩이가 떨어진다. 짧은 소음이 사라지고 나면 정적은 더 깊어진다. 세상의 소리가 다 끊어진 공적空寂은 산중에서 누리는 독락獨樂이다. 하지만 독락도 오래가면 외로움에 심신이 야윈다. 뒷동산에서 부엉이란 놈까지 청승을 떨어대면 몸을 뒤척이고 뒤척이다가 그예 옷가지를 걸치고 뜰로 내려서면 천지가 흰빛이다. 꽃도 지고, 잎도 지고 향기도 사라진 온 산하가 흰빛으로 순연하다.

그러나 눈이 그치고 난 후, 수은주의 눈금이 영하권으로 뚝 떨어질 양이면 두어 달 족히 발이 묶인다. 저수지를 끼고 이어진 산굽이는 쇠 음지라 한 번 눈이 얼어붙으면 봄이 올 때까지는 산 밖 출입이 어렵기 때문이다.

밤이 깊어지면 새로 들인 별채(聽香堂)으로 건너간다. 문명의 기기라고는 형광등뿐이다. 화로에 물을 올려놓고 눈을 감고 있으면, 대숲에서 이는 바람소리와 찻물 끓는 소리가 귀를 맑게 한다. 세상은 멀고, 인간사의 옳고 그름에도 끼어들지 않으니 마음 또한 한갓지다. 이렇게 지내다보면 기다리지 않아도 봄은 한사코 돌아와 뜰에 매화를 피우리라.

어느새 밤도 자시子時에 이르렀도다.

2008년 겨울

매화로 피운 봄

붓끝에 먹을 찍어들고 망설인다. 파지를 이십여 장이나 내고도 손은 여전히 눈높이를 따라가지 못해 얼음 쪼아 구슬 만들듯 실없는 붓장난에 먹물만 축내고 있다.

산촌의 겨울은 장님 앞산 바라보듯 시름겹다. 추녀 끝에서 울리는 풍경소리와, 얼음장 밑에서 두런거리는 물소리만이 유일한 벗이기 때문이다. 이렇게 고적하게 지내는 내 모습이 조카딸의 눈에도 어지간히 딱해 보였던 모양이다. 동짓날 한국화 물감과 화선지를 사들고 와선 수행하는 셈치고 날마다 서른 한 송이의 꽃을 팔십일 동안 그려보라며 견본을 걸어놓고 갔다.

조카가 매화 그림으로 겨울 한철을 보내라고 한 것은 2년 전에 발표했던 소한도小寒圖란 글 때문이다. 매화를 그리면서 봄을 기다리던 풍습을 소재로 삼았던 것인데, 그는 이런 풍습이 있었냐고 좋아했었다. 그렇다고 해서 2년 동안 〈소한도〉란 작품을 염두에 두고 있었던 것은 아니었을 것이다. 다만 이번에 내려오는 참에 문득 말벗 없이 겨울을 나는 이모의 산중 생활이 새삼 안쓰럽게 여겨져서 물감과 화선지를 사들고 왔던 것으로 짐작된다. 그 애는 한국화를 시작한 지 10년이 넘는다. 만만찮은 실력을 쌓아 매화의 견본도 제가 직접 그려서 걸어주었다. 이런 동기로 시작한 그림인데, 매번 마름질 잘 못해 놓고 제 눈썰미 타박하는 꼴이 되곤 한다.

외조부께선 동지 다음날부터 아침이면 붓으로 한 획씩 글집을 지으셨단다. 정전수유진중대춘풍亭前垂柳珍重待春風이란 아홉 글자는 글자마다 획이 아홉으로 되어 있다. 날마다 한 획씩 그어 아홉 자를 완성하고 나면 버드나무 가지에 푸른빛이 어리고, 봄바람이 훈훈하게 불더라고 어머니께서 말씀하셨다. 사랑채에선 외조부께서 먹을 갈아 구구소한도九九消寒圖로 봄을 기다리고, 안채에선 어린 딸이 물감을 찍어 저녁마다 할아버지가 그려 준 묵은 매화가지에 한 송이씩 매화꽃을 그려 넣으면서 겨울을 넘겼다고 한다. 매화 여든한 송이를 피우며 봄을 기다리던 댕기머리 소녀는 망백의 노구가 구차하시다. 그 노인의 딸은 백발이 성성한 예순을 넘기고 소한도를 그려보겠다고 방바닥에 종이를 펴놓고 벼루에 물방울을 떨어뜨려 먹을 갈곤 한다.

수묵화는 먹 가는 일부터 수행이다. 먹을 벼루에 대고 갈

때는 먹을 일직선을 쥐고 갈아야 먹이 똑 고르게 닳는다. 또 먹의 농도가 알맞아야 붓질이 유연하다. 붓질이 유연해야 그림에 생동감을 불어 넣을 수 있으며, 자기가 그리고자 하는 그림을 자유자재로 표현할 수 있다. 그러나 초보자에게 이런 변화는 언감생심이다. 먹의 농도조차 맞추지 못할뿐더러 붓이 엉뚱하게 나갈까 봐 하룻강아지 끌어안고 난전에 나온 아낙처럼 마음만 조급하다.

생각다 못해 서재에서 화첩이란 화첩은 모조리 들추어 보았다. 매화로 유토피아를 꿈꾸었던 조희룡의 '매화서옥'은 말할 것도 없거니와, 서른 살에 요절한 전기田琦의 '매화초옥도'와 중국의 대가들이 그린 매화 앞에선 아예 며칠을 칩거했다. 그러는 동안 먹이 지닌 무한한 색의 변화와 질서를, 형태를 위해 채색을 함부로 희생시키지 않는 절제의 미를 발견했다. 뿐만 아니라 한 번의 붓놀림, 한 번의 호흡으로 뻗어 나간 매화 등걸에 피운 서너 송이 꽃에서도 단련된 화가의 초월의식이 드러나 있었다. 그 원숙함의 경지에 주눅이 들어 나의 매화그리기는 좀체 앞으로 나가지를 못하고 있는 것이다.

붓을 내려놓았다. 다시 조카가 걸어 놓고 간 견본에 눈길을 보낸다. 초심자가 글씨를 임서하듯 모사模寫로 걸음마를 시작하라는 말이 옳거니 싶어서다. 진한 먹에 물을 보태어 농도를 가늠하고 다시 매화를 피운다. 서른 송이를 연습하고, 끝으로 한 송이를 옛 등걸에서 뻗어나간 굽은 가지에 그려 넣는다.

피어나는 꽃송이만큼 봄이 가깝다. 이미 우수도 지나고 저수지에 얼음도 풀리기 시작했으며, 개구리가 입을 뗀다는 경칩도 코앞으로 다가왔다.

여든한 송이의 매화를 다 피우고 나면 글벗들을 불러 다회茶會라도 열 생각이다. 오동나무는 천년이 되어도 항상 제 곡조를 간직하고, 매화는 평생을 춥게 살아도 향기를 팔지 않는다고 하지 않던가. (桐千年老恒藏曲 梅一生寒不賣香)

2006년 정월에

어머니의 판토마임

2인용 병실이다.

푸른 색 줄무늬의 환자복을 입은 노인은 침상에 앉아 바느질 놀이에 들었다. 어제 낮부터 먹고 자는 것도 잊은 채 같은 동작만을 되풀이하고 있는 중이다. 그렇다고 실제로 바느질을 하고 있는 것은 아니다. 바늘도 없고 실도 없다. 그럼에도 자신은 지금 바느질을 하고 있다는 스스로의 착각에 묶여 있다. 엄지와 검지로 실을 잡고 바늘귀를 향해 가느스름 실눈을 뜨는가 하면, 꿰인 실을 길게 뽑아 매듭을 짓기도 한다. 또 시침해 놓은 천을 조심스럽게 잡아당기어 주름을 펴기도 하고, 인두로 자근자근 눌러 저고리 도련을 돌리기도 한다. 아주 가끔은 깊은 한숨을 쉬면서 망연자실 창밖을 바라보곤 한다. 그럴 때마다 심연을 알 수 없는 아득한 눈빛이 딸에게는 감당할 수 없는 아픔이다.

노크 소리와 함께 간호원이 들어온다. 간호원은 아기에게 볼을 비비듯 얼굴을 노인의 턱까지 밀착시키며 손을 잡고 어른다.

"우리 할머니 또 바느질 하시네." 등을 다독거려주자 순하게 팔을 내민다. 차트에 혈압을 체크하고 약봉지를 딸에게 건네주며 눈웃음으로 뜻을 전한다. 간호원이 나가기 위해 잠깐 문이 열리자 복도를 지나가는 사람들의 어수선한 발소리가 들이닥치는가 싶더니 이내 잠잠해진다. 내동 못보고 못들은 양 등 돌리고 누워 있던 옆 침상의 할머니가 부석한 얼굴을 찡그리며 일어나 독백을 늘어놓는다.

"애구 지겹다. 귀신이 뭘 먹고 사나. 이 늙은이들 잡아가지 않구설랑."

이제부터 할머니의 쓰디 쓴 독백은 길게 이어질 것이므로, 노인의 딸은 손수건을 핸드백에 넣고 눈을 감는다.

그때가 몇 살이었던가. 엄마 무릎에 안겨 가마를 타고 가다가 내린 곳이 목계강가였었는데, 강물이 푸르다는 것을 나는 처음 보았었지. 사공이 노를 저을 적마다 강변과 산이 빙빙 돌았고, 어린 것은 뱃전에 앉아 쬐고만 손가락을 오므려 물을 떠 담았었지. 암만 떠 담아도 손에 담긴 물빛은 푸르질 않아 그예 심통이 났었지. 엄마에게 푸른 강물을 떠 달라고 얼토당토않은 떼거리를 부려 배 안의 사람들은 허리를 잡고 웃었고 나는 무안해서 큰 소리로 울었었는데.

엄마와 함께 가마를 타고 강을 건너 산을 넘고, 들을 지나

꽤나 멀리 가던 곳이 외가였음을 나는 후일에서야 알았다. 외조부가 돌아가시기 전, 딸과 외손녀가 보고 싶어 가마를 보냈던 것임을.

외조부는 당신의 딸이 과부가 되었다는 것을 가문의 수치로 여겼다. 때문에 대명천지 밝은 낮에 딸이 친정 문턱을 넘어오는 것을 용납하지 않았다. 사위가 어둠에 묻히고서야 엄마를 따라 가마에서 내렸고, 누군가의 등에 업혀 큰 대문을 지나고 솟을대문 하나를 더 넘은 후에야 한약 냄새에 절은 방안으로 들어갈 수 있었다. 머리에 흰 띠를 두른 노인이 외손녀의 작은 손을 잡아보는 것으로 첫 인사를 나누었고, 고개를 깊이 숙이고 울고 있는 엄마에게 외조부는 무슨 당부인가를 한참이나 했다. 그 다음의 기억은 끊기었다.

그리곤 어느 날인가 엄마는 흰 옷을 입고 마당에 초석을 내다 편 연후, 쪽머리를 풀고 땅에 엎드려 오래오래 호곡하셨다.

어린 시절에 엄마는 늘 화롯가에서 바느질만 했다. 그 자태가 어린아이 눈에도 몹시 한심하게 여겨졌다. 실과 골무와 바늘, 가위와 인두, 다리미와 자를 밤낮 끼고 살았다. 그것이 규방 칠우七友란 것과, 규방 칠우란 것이 우리 네 식구가 먹고사는 밥줄이었음도 나는 어른이 되고나서야 알게 되었다.

엄마는 6 · 25 사변이 나던 첫 여름까지 명월관 기생들의 옷을 지었다. 옷감은 주로 숙고사니 자미사, 모본단이었고, 색이 고왔다. 비단을 마름질 하고 남는 자투리는 딸의 명절비심으로 쓰였다. 세밑이면 밤을 새워가며 색동천 서리서리 잇대어 저고리를 만들어 입히며 얼음 굴에 수달피새끼처럼 귀엽다고 하셨다.

이번에는 바늘의 시침이 잦은 것으로 보아 얇은 천임이 분명하다. 그런데 갑자기 노인의 손이 바들바들 떨린다. 딸은 잽싸게 의자에서 일어나 어머니를 품에 안으며 벽에 붙은 벨을 누른다. 간호원이 달려오고, 둘 사이에는 암호 같은 눈짓이 오고가자 곧바로 일회용 주사바늘과 500cc 링거액이 준비되었다. 노인을 침상에 눕히자 간호원이 정맥이 등고선처럼 드러난 손등에 주사바늘을 꽂고 반창고로 단단하게 고정시켜 놓는다. 한 방울 두 방울 링거액이 혈관을 향해 떨어지자 눈꺼풀이 스르르 감긴다. 간호원이 나가고, 딸은 미라처럼 마른 손목을 잡고 맥을 짚어 본다. 맥박이 매우 느리다. 이제 푹 잠을 자고 나면 좀 나아질 터이므로 이불을 끌어올려 목 밑까지 덮어주고는 가방을 들고 일어섰다. 병실을 나서는 딸의 뒤통수에 대고 옆의 할머니는 또 패악을 늘어놓는다.

"못할 짓이여. 자식이 열이면 뭣해, 염병할 것들."

밖은 첫여름이다. 나뭇가지마다 연초록 주렴이 실실하다. 여인은 갑자기 눈이 부신 것인지 현기증이 이는 것인지 잠깐 다리가 휘청 흔들린다. 혼자서 이틀 밤을 꼬박 새웠으니 어지럼증이 일만도 하다. 머리를 감싸고 섰다가 다시 발자국을 떼어 놓는 그녀 앞으로 흰나비 한 마리가 나풀나풀 춤을 추며 날아온다. 나비는 곧 꼭두서니 빛깔로 만개한 연산홍 꽃술 위를 맴돌다가 저 편 화단으로 날아간다. 나비가 사라진 화단을 한참 서서 바라보던 여인은 어머니가 잠드신 입원실 창문을 향해 한마디 간언艱言을 올린다.

"어머니, 사람의 한생이 저 꽃 한 송이 보다 낫지 않습니다. 꽃이 피고 지는 그 사이를 한 호흡이라고 하데요. 당신의 아흔 다섯 구비의 생도 한 호흡인걸요. 그러니 이제 그만 무대에서 내려오셔도 됩니다. 관객들도 떠나고, 조명도 다 꺼졌는걸요."

봄은 한 호흡의 꽃을 뜨겁게 피워 놓고, 노인은 소실점 끝에서 가물거린다.

2004년 봄

털신 한 켤레의 정물

땅거미가 내릴 무렵이었다. 북소리를 따라 천왕문으로 들어서니 건너편 전각에서 북을 울리는 스님의 장삼자락이 희뜩희뜩 날파람을 일으키고 있었다. 때때로 몸 안에서 일어나는 갈애渴愛와, 머릿속을 어지럽히는 미망을 떨쳐내려는 듯 북채를 잡은 젊은 승려의 손길은 자유자재 종횡무진이었다. 위에서 아래로, 아래서 위로, 조였다가 풀어지고 풀어졌다가 다시 조여드는 힘찬 가락이 '둥둥둥' 개밥바라기별이 떠 있는 능선을 타고 춤을 추었다. 한참 동안 가람의 정적을 뒤흔들어 놓던 북소리가 칼로 자른 듯 끊기었다. 사위 또한 언제 무슨 소리가 들렸었냐는 듯 시침을 떼었고 단일하게 다가오는 어둠을 품었다. 북을 치던 스님도 북채를 제자리에 놓고 총총히 전각 뒤로 사라지자 범종이 장중하게 뒤를 이었다.

나는 장승처럼 서서 어두운 골짜기, 갈피마다 스며드는 범종의 여운을 따라 나섰다. 잡힐 듯 다가왔다가 가물가물 멀어지는 울림은 끝내 한 인간이 내젓는 영혼의 손사래를 길 위에 버려둔 채 사방으로 잦아들었다. 두 번 세 번 당목이 종판을 울릴 적마다 한기가 목덜미를 타고 몸속으로 파고들었고, 오소소 돋는 소름에 진저리를 쳤다. 운판이 울고, 속을 비운 목어도 울었다. 사물이 저마다 지닌 제 소리, 제 울음을 끝내자 이번에는 대웅전에서 스님들의 저녁 예불송이 들려왔다. 예불을 이끌어가는 목탁소리를 뒤로 관음전으로 걸음을 옮겼다. 긴 머리 중생이 잿빛 승복 속으로 끼어들기란 여간한 배짱이 아니고는 몸 둘 바 없고 민망하기 그지없는 노릇이다.

관음전 격살문 고리는 얼음장이었다. 문고리뿐만 아니라 실내에 고여 있던 냉기도 먹잇감을 만난 짐승처럼 달려들었다. 무릎이 풀썩 꺾였다. 충청도 내륙 깊숙한 산골에서 표충사까지 오는 길은 멀고도 멀었다. 버스와 기차와 택시를 번갈아 타고 표충사 관음전까지 찾아온 몸뚱이가 천근이라도 되는 양 무거웠다. 그냥 눕고 싶었다. 누워 잠들면 바닥에서 우담바라가 피어나 내 몸을 떠받들어 줄 것만 같았다. 그곳은 천개의 눈과 천개의 손을 지니신 관음전이 아니던가.

"관세음보살이시여. 이 중생을 긍휼이 여겨주소서."

나의 기도는 입 안에서만 맴돌았다. 풀썩 꺾인 무릎을 세울 줄도 모르고 눈을 들어 관음상을 올려다보았다. 적당하게 살

오른 앞가슴. 나붓이 내리깐 고운 눈매, 입가에 어린 자애로운 미소가 몸을 일으키고 싶은 충동을 일게 했다. 가까스로 오금을 펴고 절을 올리려는 순간 깜짝 놀랐다. 술항아리처럼 이불을 둘러쓴 하나의 형체가 눈에 들어왔기 때문이었다. 천장에 달린 연등의 희미한 불빛이 조명처럼 그를 비추고 있었음을 전혀 알지 못했다. 방석 위에서 가부좌를 틀고 이불을 둘러쓴 스님은 오만하다 싶을 만치 꼿꼿한 자세를 취하고 있었다.

나는 마치 부정한 여자가 제당祭堂에 쳐 놓은 금줄을 넘어선 듯 민망하여 합장만 올리고 물러나왔다. 그리곤 원주스님을 찾아뵌 후 객실로 돌아와 잠자리에 들었다. 사하촌에서 산채정식을 먹고 올라온 터여서 따로 저녁상을 받는 불편함을 덜었기 때문이다.

잠이 오지 않았다. 추위와 여정에 지친 몸은 나른하기 이를 데 없었건만, 정신은 점점 또렷해지기만 했다. 관음전 스님의 모습이 눈에 밟혔다. 냉기가 뼛속까지 스며드는 추위 속에서 말문을 닫고 극한으로 자신을 몰고 가는 저 행위는 무엇을 위함인가. 존재의 확인인가. 아니면 대중가요만큼이나 식상하게 나도는 '이 뭐꼬' 란 애매모호한 물음을 붙잡고 있는 것일까. 댓돌 위에 놓인 털신 한 켤레의 고독한 정물은 "천상천하 유아독존唯我獨尊"을 외치던 석가의 꿈이 아니었던가.

10년 전의 일이다. 엄마 몰래 출가한 아들을 만나기 위해 친구는 나를 앞세우고 법주사를 찾아갔다. 봄비가 내리는 날이라 각 전각은 물론이요. 금동미륵대불 앞마당도 텅 비어 있었다. 큰 스님 하명을 받고 희견보살상 앞으로 나온 사미승은 어미에게 눈길 한 번 주지 않았다. 고개를 숙이고 땅만 내려다보고 있는 그는 피골이 상접했다. 어미는 목부터 메었다. 1년 동안 아비도 없이 자란 자식의 행방을 알지 못해 애가 잦고 피를 말리었다. 덥석 껴안고 뒹굴어도 시원찮을 만남이었다. 그러나 아들은 다가서는 어미의 손길을 매몰차게 뿌리쳤다.

"저와의 인연은 여기서 끝입니다. 다시는 찾아오지 마세요."

합장의 짧은 인사만 남기고 휙 돌아서는 아들의 몸에선 찬바람이 일었다. 그도 그럴 것이다. 은사와 여러 사부대중들 앞에서 삭도로 머리를 자를 때 핏줄과의 인연을 가차 없이 잘라냈을 것이다. 세상 모든 것을 다 잘라냈을 것이다. 오로지 제 정체만 남겨 놓고.

어깨를 들먹이는 친구의 슬픔을 온전히 내 몸으로 받아들이던 날의 하늘은 온통 아픔으로 일렁이었다. 자욱자욱 떼어 놓은 걸음마다 눈물이 고였다. 대학입시에 낙방한 아들이 어미 몰래 숨어든 곳이 부처님 무릎 밑이었다. 자식은 구도를 목적으로 어미와의 연을 끊을 수 있겠지만, 세상의 모든 어미에게 자식이란 존재는 죽는 날까지 끌어안고 살아야 하는 사랑의 연자매다.

다음 날 아침에도 관음전 댓돌 위에 놓인 털신 한 켤레의 정물은 변함없었다. 닷새간 용맹정진에 들어갔다니 닷새 동안 그는 가부좌를 풀지 않을 것이었다. 한 번도 격살 문을 열지도 않을 것이며, 한 마디 말은 물론 음식도 입에 대지 않을 것이다.

그도 그랬다. 천황산 얼음골에서 은거중인 그도 아무도 모르게 출가를 결심하고 한밤중에 벽에 걸린 괘종시계를 떼어내어 노자를 마련했다. 싯다르타가 제왕의 자리를 포기하고 마부를 앞세워 카빌라성을 떠나듯, 시계를 끌어안고 부모형제가 잠든 밤을 택하여 뒤도 돌아보지 않고 집을 나섰다. 직지사 녹원스님 문하로 들어간 그는 몇 년을 생식으로 버티었고, 삼복염천에 하루 3천배의 고행을 자처하기도 했었다. 자신의 몸을 구도의 도구로 삼는 행위는 여기서 그치지 않았다. 단지斷指를 결행했다. 검지와 엄지에 기름절인 무명천을 칭칭 감아 불을 붙였다. 입에 솜을 물고 시작한 일이었지만 아픔을 견디지 못해 끝내는 혼절하고 말았다. 기름과 살과 뼈가 타는 자욱한 연기 속에서도 끝까지 손가락 두 개가 끊어지는 것을 보고야 마는 도반들과 사형들은 또 얼마나 지독한가.

그 후, 그는 절집에서도 박학다식한 승려로 이름을 떨쳤고, 한 때는 민족문화추진회에서 역사서와 경전을 번역하기도 했으나 출가승이 할 일이 못되었던지 인도로 가선 만행을 일삼다 돌아왔다. 그리곤 스승 유의태가 제자 허준에게 자신의 시신을 해부케 하던 골짜기에 토굴을 마련하고 은거 중이었다. 그런 그를 만나겠다고 불원천리를, 분별없이 달려왔던 것이다.

얼음골로의 산행을 포기했다. 아침 공양을 마치고 종무소에

들러 내복과 털실로 짠 목도리를 맡기고 돌아섰다. 천황산 얼음골 쪽으로는 눈길도 보내지 않았다. 맹세코 내 다시는 그를 찾아 나서지 않을 것이다.

2006년 겨울

원점회귀原點回歸

그는 지금 심혈관 조형시술을 받고 병실에 누워 있다. 어느 날 갑자기 얼굴이 창백하게 질리며 가슴의 통증을 호소하던 이에게 심장내과 의사가 내린 병명은 심근경색이었다. 술 없으면 무슨 재미로 사느냐고 큰소리치던 사람한테 금주령이 내려졌고, 급기야 허벅지에 있는 관상동맥을 뚫고 심장용 도관을 삽입하여 시술을 받기에 이른 것이다.

시술결과는 예상보다 좋은 편이다. 하지만, 하룻밤 동안은 아랫도리를 벗고 있어야 될 형편이라 간병인에게 환자의 수발을 맡길 수 없었다. 좁은 침상에서 곁을 지키려고 하니 큰아들이 제가 돌봐드리겠다며 한사코 등을 떠밀었다.

산간 오지로 돌아오는 길은 오늘따라 아득하게만 느껴졌다. 차 한 대도 지나가지 않는, 한밤의 깊은 어둠 속을 달리는 동안 수술실로 들어가기 전에 본 남편의 모습이 자꾸만 떠올랐다.

"제발 부탁이야. 나를 중환자실로 보내지 마." 옷을 죄다 벗기고 소독약으로 칠갑을 한 채 아내를 향한 그의 목소리엔 간절함이 배어 있었다. 나는 두 손으로 그의 얼굴을 감싸며 걱정하지 말라고 했다. 슬픔이 울컥 치밀었다. 두 달 동안 해쓱하게 야윈 얼굴은 피부조차 까칠했다. 이 사람에게도 분홍빛 알몸으로 탯줄을 달고 태어나 첫울음을 울었던 때가 있었던가 싶어서였다. 잇몸에서 새싹처럼 하얀 앞니가 돋아나고, 걸음마를 배우던 봄날이 있었던가 싶어서였다.

젊은 시절, 그는 늘 일과 시간에 쫓기며 살았다. 책임감이 투철하여 직장에선 유능한 관리자로 인정받았고, 예금실적을 올리기 위해 하고많은 날을 술에 절어 지냈다. 그에게 술은 사교를 위한 유일한 매개체였으므로 술을 입에 달고 살았지만, 고맙게도 간이나 위장이 한 번도 반란을 일으키지 않았다. 퇴임한 이후에도 이어지는 주인의 술시중을 잘도 들어주었다.

대신 가족들은 유능한 가장의 위세에 밀려 변방에서 겉돌았다. 결혼기념일은 물론 가족들의 생일 따위는 졸부들이나 챙기는 시시콜콜한 것쯤으로 치부해 버렸다. 사내대장부란 자못 대범해야 된다는 허세까지 버무린 변설을 여반장으로 내세우는 그의 등 뒤에서, 자궁이란 요람에서 빚어낸 새끼 둘을 치마폭으로 감싸 안을 적마다 나의 가슴은 섭섭함으로 젖었다. 어디 늙어서 보자고, 그땐 밥도 해주지 않을 거라고 어금니를 사려 물곤 했었다.

그랬던 시절이 어제 적 일인 양 싶은데, 꿈결처럼 고희란 언덕에 도달했고, 나도 그 어름에 이르렀다. 할아범이 되고 할멈이 되는 나이란 아주 먼 훗날에나 올 줄로 알았는데, 늙음은 도둑처럼 스며들었고, 세월은 건들마처럼 설렁설렁 지나가버렸던 것이다. 마치 하룻밤 사이에 생의 절반을 도굴당한 것 같아서 이건 아니라고 벅벅 우기고 싶지만, 이미 경로우대증이 지갑 안에 얌전히 꽂혀 있다. 더 이상 삶의 손익을 따질 산술算術이 필요 없게 된 것이다. 원시遠視로 나이 듦을 신중한 결기로 인정하기에 이른 것이다.

집으로 들어와 처음으로 씻지도 않고 옷도 벗지 않은 채 맨바닥에 누웠다. 비로소 사랑한다는 말보다 정 듦이 더 애틋하더란 말이 가슴에 와 닿았다. 부부란 가깝고도 먼, 애매모호한 관계 속에서 나는 미아처럼 헤매었다. 때문에 그를 따뜻한 심장으로 사랑해 주지 못했다. 갈등으로 박힌 옹이가 노상 옆구리에서 욱신거렸기 때문이었다. 지나고 나니 아무 것도 아닌 것을. 누구나 종당엔 저렇게 혼자서 앓고, 혼자서 앓다가 그 강 건너지 말라고 매달려도 백수광부처럼 훌쩍 피안의 강을 건너가고야 말 것을…….

홀로라는 이 비정한 개연성 앞에서 인간이란, 과학이란 얼마나 무력한가. 태어난 것들은 모두 사라지고 마는 원점회귀原點回歸!

이 자명한 사실이 허망하여 오늘 밤 나는 씻지도 않고 맨바닥에 누워 쉽게 일어서지를 못했다. 청향당 뜰에 핀 저 희고도 고운 매화도 사나흘 후면 모두 지고 말리라.

2010년 4월

2부

낙엽이 질 때면

카페 "샤갈"의 풍경

돌려보낸 새

징검다리에 얽힌 사연

옐로우 카드

제구실

미완未完의 집

산국을 태우며

눈길

낙엽이 질 때면

낙엽이 질 때면 생각나는 시구詩句가 있다.

"다 끝났다 자 돌아가자"

마지막 열차의 출발 시간이 다 되었다. 역무원이 플랫폼에서 붉은 깃발을 흔들기 전에 열차에 올라타야만 한다. 저마다 제 빛깔의 의상을 걸치고 맘껏 포즈를 취하던 패션쇼는 끝났다. 더는 미적거리면서 딴청을 떨 새가 없다. 핑계도 통하지 않고 뇌물도 먹히지 않는다. 서둘러 분장을 지우고 몸에 걸치고 있던 옷가지들을 벗어 놓고 탑승해야만 내년 봄을 기약할 수 있다.

마당가 느티나무는 바람이 불지 않아도 제물에 갈색 잎을 밤낮으로 쏟아 놓는다. 가을엔 이렇게 나무들이 야위고 개울물이 야윈다. 귀뚜라미 울음이 야위고 숲이 야윈다. 이삭만 자르고 내쳐둔 조와 수수대궁조차 바람이 슬쩍 어깨만 스쳐가도 잎사귀를 부비며 흐느낀다.

가을엔 밤바다가 그리워진다. 입속으로 '바다'라는 두 글자만 외워도 금시 가슴이 두근거리고, 당장이라도 가방을 챙겨 나서고 싶다. 인적이 끊어지고, 멀리 방파제 위로 늘어선 가로등 불빛만이 졸음에 겨워 아득할 때, 홀로 백사장으로 나가서 밤물결을 타고 끊임없이 달려와 부서지는 흰 포말을 바라다보고 싶다. 그러면 '인생'이란 두 글자 속에 들어 있는 온갖 번뇌가 물거품처럼 사라진다. 오직 검은 밤물결을 바라다보고 있는 '나'라는 실재만이 소중할 뿐이다.

만일 사랑하는 이에게 상처를 받았거나, 누군가를 미워하고 증오하는 마음으로 인해 삶의 중심이 흔들리기라도 한다면, 바다를 찾아갈 일이다. 바닷가에 앉아 파도를 바라다보고 있으면 애증이란 것도 잠시 가슴에서 일어났던 물거품이었음을 깨닫게 될 것이다. 그래도 애증이 사라지지 않으면, 이번에는 모래밭에 쪼그리고 앉아 손가락으로 긴 편지를 써 볼 일이다. 가슴속에 맺혀 있던 숱한 사연을 다 털어 놓고 나면, 자기로부터 조금은 자유로워질 수 있을 것이다. 그러고 나서 호텔로 향할 때 회오리바람에 우수수 날아오르는 가랑잎이 길을 막거나, 나뭇가지에서 떨어지는 낙엽이 바바리코트 깃을 툭 건드리기라도 한다면 절로 미소를 짓게 될 것이다.

가을이면 그리움이 깊어진다. 이즈음 이역만리에 나가 있는 아들네 식구들이 자주 꿈에 보인다. 보고 싶은 마음이 간절해서일 것이다.

간밤에 꿈을 꾸고 난 아침, 서리가 잔디밭을 온통 은빛으로 가려놓으면 개울가로 나가 풀밭을 내려다본다. 개울을 따라 양 옆으로 펼쳐진 습지엔 주로 넝쿨식물인 고마리와 한삼, 눈괴불주머니, 물봉선화, 할미질빵. 여뀌 등이 자생한다. 봄부터 서리 내릴 때까지 이들은 한 치의 양보도 허락하지 않고 영토싸움을 벌린다. 그러나 하룻밤 된서리는 원자폭탄이나 다름없다. 경계도 없이 멋대로 차지한 난장판에서 서로의 멱살을 움켜잡고 널브러진 모습들이 가관이다. 성장만을 위한 치열한 도전으로 천지를 분간하지 못했던 열정은 다 어디로 갔는가. 내리쬐는 뙤약볕 아래서 목이 마르고 몸이 비틀려도 영토에 대한 욕망을 접지 못했던 그 야심은 다 어디로 갔는가. 비바람에 태질을 당하고, 폭우로 불어난 물살에 휩쓸려도 죽지 않으려고 어금니를 앙다물고 버티던 독기는 어디로 갔는가.

생명 있는 것들치고 허망하지 않은 생애가 어디 있을까 만은 백골처럼 앙상하게 줄거리만 남은 풀들의 잔해를 바라다보고 있으면 처연하기 그지없다. 권력을 잡고 세를 모아 사흘이 멀다고 시비를 일삼는 정치꾼들의 모습이 겹쳐지기라도 할 양이면 더욱 처연해진다.

잎들의 소슬한 귀의가 거반 끝나 가면 나는 텃밭과 잔디를 뒤덮고 있는 낙엽을 긁어다 불을 놓는다. 해마다 서너 번은

잎들의 다비를 치르는데 매번 불기운이 일렁거릴 적마다 연기의 방향을 가늠하지 못해 눈물을 철철 흘리곤 한다. 바람도 없는 잠포록한 저녁 답에 치르지만, 연신 소맷자락으로 눈물을 훔쳐내면서 기다란 막대기로 속에 묻힌 눅눅한 잎들을 뒤집어 불꽃을 돋운다. 그러다가 문득 내가 흙으로 돌아갈 때, 내 몸에서 거처하던 영혼도 저리 가볍게 승천했으면 좋겠다 싶어 연기가 흩어지는 허공을 망연히 바라다본다.

산촌의 가을은 이렇게 막을 내린다.

"다
끝났다
자
돌아가자."

2008년 입동 무렵

카페 "샤갈"의 풍경

내가 카페 〈샤갈〉을 알게 된 것은 윤 약사를 통해서다.

어느 날, 팔목관절이 시큰거려 파스를 사려고 약국에 들렀다가 이 동네에는 갈 만한 찻집도 한 곳 없다고 투덜거렸다. 예쁘장한 약사 아가씨는 나이든 어머니께서 이 무슨 천부당한 말씀인가 싶었던지 두 눈을 동그랗게 뜨고 바라보더니, 이내 생글거리며 상냥하게 일러주었다.

"요 솔밭공원 뒤로 가면 '샤갈의 눈내리는 마을'이란 카페가 있어요. 5층이라 전망도 좋고 분위기도 괜찮아요. 한 번 가보세요."

나는 고맙다는 인사를 남기고 약방문을 나오면서 박상우의 소설 〈샤갈의 마을에 내리는 눈〉을 생각하고 웃었다. 박상우는 저 난세難世였던 70년대와 80년대에 자신과 그 연배들이 겪었던 갈등과 고민을 날카로운 의식의 표출로 〈샤갈의 마을에 내리는 눈〉에다 속 시원하게 쏟아 놓았던 것이다.

80년대의 막이 내리는 제야의 밤, 창밖에는 폭설이 무섭게 퍼붓고, 그 시대에 수다하게 횡횡하던 논리와 주의主義와 정치에 대한 혐오감으로 맥이 빠진 소설 속의 젊은이들은 술자리에서 이렇게 말한다.

"넝마주의자에게도 넝마주의가 있는 시대는 행복한가?"

그리고 작가는 만취하여 몸도 제대로 가누지 못하는 두 명의 친구만을 데리고 마지막 기착지인 샤갈의 마을로 몰려간다. 샤갈의 마을이란 그림 그리는 노처녀가 아틀리에로 쓰고 있는 연립주택 지하를 말함이다. 그들은 춥다는 것을 빙자로 또 다시 술을 마셔댄다. 몽롱한 시선으로 바라다본 한 폭의 그림 속에는 붉은 태양과 흰 염소, 한 다발의 꽃과 두 여인, 옹기종기 모여 있는 눈 덮인 마을과 '겨울나무'가 있다. 샤갈의 마을에 평화스러움이 점점 희미해진다. 알콜의 농도는 이미 이들의 의식을 완전히 마비시키고 있었기 때문이다. 그 때 그림쟁이 노처녀는 인간이 지닌 원초적인 세 가지 욕망을 동시에 신음하면서 내 놓는다.

"누가 그에게 전화를 걸어 줄 수 없나요. 샤갈의 눈내리는 마을에서 아직도 기다리고 있다고…… 춥고 배고파. 그리고 남자와 자고 싶어……"

박상우란 소설가는 어느 곳으로도 출구를 찾을 수 없이 차

단된 시대의 벽 앞에서, 오로지 인간의 원초적인 욕망만으로 주리가 뒤틀리던 젊은이들의 상처를 소설로 싸매려 했다. 그리하여 붉은 태양과 흰 염소가 뛰노는 평화로운 마을을 동경하면서. 그 평화로운 마을에는, 세상살이 방식에 전혀 길들여지지 않은 순진무구한 시인이 '찔레꽃' 노래를 부르며 살고 있기를 꿈꾸었던 것이다. 그는 〈샤갈의 마을에 내리는 눈〉에 이어서 〈돌아오지 않는 시인을 위한 심야의 허밍코러스〉를 쓸 수밖에 없었던 작가의 심정에 동조하면서 무척이나 감동했었다.

어찌되었건 이 소설은 90년도 벽두에 출간되고부터 대학가에서 상당한 인기를 끌었다. 샤갈의 마을에서 주인이 신음하듯 내뱉은 너무나도 인간적인 세 가지 욕망과, 낭마주의자들 앞에서 방황하던 젊은이들의 갈등이 독자들의 마음을 사로잡았고 카페의 간판으로까지 나붙게 되었다. 단지 「샤갈의 마을에 내리는 눈」이란 시간적인 요소는 배제되고, "눈내리는 마을"이란 공간적인 명칭이 바뀐 "샤갈……"은 서울의 대학로에서 청주에 있는 한 변두리 동네까지 입성하였다.

아마 내가 솔밭공원 뒤에 있는 카페가 "샤갈……" 만 아니었다면 쉽게 발을 들여놓지 않았을 것이다. 어디든 한 번 정을 들이면 다른 곳으로 옮기지 못하는 성미여서, 오랜 단골로 다니던 삼화령이 업종을 바꾸고 난 후로 어쩌다 시내를 나가게 되어도 통 재미가 없었다. 그렇다고 시내에 나갈 적마다 삼화령에 들렀던 것은 아니다. 그저 아무 때나 내가 가고 싶으면 찾아가 마음 편히 앉았다가 올 수 있는 쉼터를 잃었다는 것이 못내 애석했던 것이다. 사소하나마 소중하기 이를 데 없는 나의 작은 행복을 잃고 나는 봄내 막막하고 쓸쓸하였다.

이제 카페 〈샤갈……〉이 새로운 쉼터가 되었다. 비가 오거나 컴퓨터 앞에서 키보드를 두드리다가 어깻죽지가 아프면 집에서 입은 옷 위에 스웨터만 걸치고 나서면 된다. 솔밭 공원을 돌아 15분 정도만 걸어가면 산뜻한 빌딩이 나온다. 카페로 올라가기 위해 엘리베이터를 타고 5번 단추에 손가락을 살짝 대면 빨간 불이 들어오고, 순식간에 오층 카페 앞에 나를 내려놓는다.

카페의 실내는 인테리어가 깔끔하다. 중앙에는 원탁과 등나무의자가 놓여 있고, 창가로는 앙증맞게 작은 탁자 앞에서 두 사람이 마주 앉아 이야기를 나눌 수 있는 푹신한 의자를 배려했다. 어깨까지 찰랑거리는 단발머리에 눈동자가 슬프도록 깊은 주인의 단아한 모습도, 이 카페의 분위기에서 빼놓을 수 없는 구색이라면 구색일 것이다.

오늘은 종일 비가 내린다. 하긴 며칠 전부터 장마전선이 북상한다는 일기예보가 있었으니 모르긴 해도 7월 상순까지 비가 오락가락 하는 날씨가 계속되리라.

키가 작아 창가에 앉으면 의자에 파묻혀 오층 아래의 풍경은 창 높이에 가려 보이지 않는다. 먼 산과 푸른 들판과 개발지역이란 명분으로 봄내 포크레인이 긁어내린 산자락의 붉은 속살만 보인다. 미분양 되는 아파트 때문에 부도를 내고 야밤도

주하는 건축업자들이 늘고 있는 판에, 어찌된 일인지 해마다 도시에 인접한 농경지와 야산들이 야금야금 아파트단지로 먹혀 들어가고 있다.

나는 되도록 철근이 앙상한 몰골로 서 있는 건축중인 건물이나, 포크레인이 파헤쳐 놓은 붉은 흙더미는 외면하고 먼 곳으로 시선을 보낸다. 장맛비에 우쭐거리는 여름산은 보기만 하여도 시원하다. 바람에 쓸리는 풀잎들이며, 밭에 심어 놓은 참깨며 콩포기가 나붓나붓 크고 있는 들녘과, 그 사이에 있는 작은 마을, 허리띠 같은 길을 따라 방방 달리는 자동차를 보면서 잠시 동안의 한유閒遊를 즐긴다.

유리창 가득 빗물이 흘러내린다. 흘러내는 빗물을 바라보며 나는 찻집 주인이 정성들여 타다 준 비엔나커피를 마신다. 가운데 테이블에는 내가 들어오기 전부터 앉아 있는 귀때기 새파란 애들 네 명이 담배를 꼬나물고 양주를 홀짝거리며 장난을 치고 있다. 머리는 온통 서양애들처럼 노랗게 염색을 하고, 사내 녀석들마저 귀걸이를 달고 있는 꼴들이라니.

눈꼴이 시어 슬그머니 자리를 뜬다. 저 애들은 넝마주의란 말조차 아니 그 말 속에 담긴 의미조차 모를 것이다. 그래도 난세에는 저런 한심한 젊은이들은 없었는데, 적어도 술을 마시는 명분이 따로 있었는데 왜들 저러는 것일까.

우산을 펴들고 길로 나와 서서 다시 한 번 카페 〈샤갈……〉을 올려다본다.

"누가 그에게 전화를 걸어 줄 수 없나요. 샤갈의 눈내리는 마을에서 아직도 기다리고 있다고……."

지금의 카페 샤갈은 이런 곳이다. 귀때기 새파란 애들이 담배를 꼬나물고 청춘을 향유하기도 하고, 나 같은 저문 인생이 턱을 괴고 망연히 있다가, 젊은이들의 꼬락서니가 보기 싫어 슬그머니 자리를 뜨기도 하고, 누군가의 전화를 기다리며 설레는 가슴으로 연신 시계를 보는 연인들의 모습이 스크린처럼 스쳐가는 그런 곳이다.

1995년 여름에

돌려보낸 새

꿈을 꾸었다. 눈을 감고 있으면 실제인 양 선연하게 떠오르는 꿈을 꾸었다.

남한강 언저리에 있는 비내섬 강 둔덕에 혼자서 앉아 있었다. 해가 빛을 털어내고 하나의 커다란 불덩어리로만 남아 막 산을 넘어가는 모습을 바라보고 있을 때였다.

홀연히 백로 한 마리가 날아와 두 손을 깍지 끼고 세운 내 무릎에 가벼운 몸짓으로 내려앉았다. 놀라운 일이었다. 야생 조류인 백로가 내게로 날아오다니, 꿈속에서도 어떻게 이런 일이 일어날 수 있을까 싶어서 조심스럽게 새의 날개를 만져보았다. 새는 움직이지 않았다. 이번에는 흰 깃털을 쓰다듬어주면서 '너는 어디서 왔냐고, 내가 무섭지 않느냐고 물었다. 뜻밖에도 새는 말을 할 줄 알았다. 나는 당신을 만나기 위해 칠십 겁劫을 건너 여기에 왔다고 했다. 그리곤 품안으로 펄쩍 뛰어드는 것이었다.

새가 품안으로 뛰어드는 순간 나는 숨이 막히는 것 같았다. 심장이 터질 듯 조여드는 통증에 외마디 소리를 질렀고, 내가 지른 외마디 소리에 잠이 깼다. 온 몸이 땀으로 흠뻑 젖어 있었고 숨이 가빴다. 눈을 감은 채 한참을 날숨과 들숨으로 가쁜 숨을 진정시키고 눈을 떴다. 창문으로 햇살이 내 몸을 향해 비수처럼 내리꽂히고 있었다. 한낮에 이런 꿈을 꾸다니, 내리꽂히는 저 햇살 때문이었을 것이라고, 그냥 백일몽白日夢일 따름이라고 머리를 절레절레 흔들어보았다. 그러나 샤먼의 주술에 걸린 듯 백로의 환상과 칠십 겁이란 말이 내 머릿속을 휘젓는 통에 도무지 갈피를 잡을 수가 없었다.

주방으로 나와 찬물 한 컵 들이켰다. 그러고 나서도 여전히 백로가 칠십 겁이라고 한 말과, 손바닥에서 느껴지던 부드러운 깃털의 감촉이 심장으로 스며드는 것 같아 가슴이 두근거렸다. 이 무슨 징조인가.

국어사전을 펴 보았다. "겁劫이란 하늘과 땅이 한 번 개벽할 때부터 다음 개벽할 때까지의 동안이란 뜻으로 지극히 길고 오랜 시간을 이르는 것"이라고 쓰여 있었다.

그런데 칠십 겁이라니, 무슨 원願이 그리도 간절하여 대낮에 몸살로 앓아누운 내 가슴으로 뛰어들었단 말인가.

천지개벽을 칠십 번이나 겪은 새, 아주 오랜 세월 멀고 먼

시공을 건너와 내 품으로 뛰어든 새를 '개꿈'으로 치부해 버리기엔 아까웠다. 분명 현몽일 것이라 믿고 싶었다. 새와 나는 숫자의 개념을 뒤엎는 광활한 저 우주에서, 수많은 은하계 중 어느 별에선가 함께 살았던 적이 있을 것이라는 애매모호한 신화적인 상상을 믿고 싶었던 것이다.

오랫동안 묵혀두었던 두꺼운 코트를 걸치고 집을 나섰다. 백로가 그 강가 어디선가 기다리고 있을지도 모른다는 착각에 사로잡혀서, 한파가 눈과 얼음으로 무장을 하고 기세를 드날리는 추위를 무릅쓰고 차를 몰았던 것이다. 겨울 비내섬은 눈물겹도록 쓸쓸했다. 얼어붙은 지표 밑에선 봄꿈을 꾸는 무수한 생명들이 숨죽이고 있으련만, 졸가리만 남아 바람에 휩쓸리는 억새들과, 파팍하게 얼어붙은 강변의 자갈밭 외에는 살아서 꿈틀대는 것이라곤 짙푸른 물결뿐이었다. 쇠오리와 도요새 청둥오리들 마저 가장자리께로만 모여 있을 뿐, 자맥질 하는 놈은 한 마리도 눈에 띄지 않았다.

갑자기 난타하듯 휘몰아치는 강풍에 떠밀려 차 안으로 들어와 눈을 감았다. 또 다시 새의 환영이 눈에 밟혔고, 칠십 겁이란 말이 이명처럼 들려왔다. 이번에는 '새야 날더러 어쩌란 말이냐?'고 물어보았다. 부질없는 물음에 대답하는 것은 유리창 너머로 이냥 흔들리는 갈대들뿐이었다.

순간 품안으로 뛰어들었던 새를 회임懷妊하고 싶다는 참으로 가당찮은 생각이 일었다. 칠십 겁을 건너서 온 새를 그냥 포기해선 안 될 것 같아서였다. 환생을 시켜 입술에 젖꼭지를 물리고 싶었다. 봄날, 기저귀를 차고 뒤뚱거리며 걸음마를 시작하는 모양을 개나리꽃빛 하르르 쏟아지는 뜰에서 지켜보고 싶었다. 그러나 내 몸 속의 그 집, 옥문은 이미 오래전에 닫혀버렸다. 언제나 그랬다. 내가 원하는 것은 이미 지나가버렸거나, 아직 오지 않았거나, 내가 미처 알아차리지 못해 놓쳐버리곤 했다. 이번에도 칠십 겁을 건너 내 품으로 날아온 백로를 백일몽, 그 허망한 꿈속으로 되돌려 보내야만 했다. 어느 교향곡의 마지막 악장의 종결부처럼 짙은 비애가 밀물처럼 덮쳐왔다.

2010년 정월

징검다리에 얽힌 사연

다리의 시원은 분명 징검다리에서부터 시작되었을 것이다. 혼자서도 돌을 굴려다 놓을 수 있는 가장 손쉬운 방법을 지니고 있기 때문이다. 지금도 산간오지에선 큼직한 막돌을 놓아 개울 건너에 있는 다랑논으로 물꼬를 보러 다니기도 하고, 새참을 여 나르기도 한다.

다리도 사람처럼 신분에 차이가 있다. 어디에 놓이는가에 따라 구조를 응용하는 형태가 다르기 때문이다. 임금이 거처하는 궁궐이나 부처님을 모신 사찰에 놓인 다리들은 하나 같이 조형성이 뛰어나다. 경복궁의 향원지에 놓인 취향교는 교각은 돌로 하고 그 위에 나무로 난간을 둘렀다. 그런데 난간 기둥에 깎아 얹은 연꽃봉우리와, 안상형眼像形 궁창부가 연지에 뜬 연잎과 어울리면 그 아름다움이 참으로 교묘하다. 옥천교도 그러하다. 무지개를 상징하는 반원의 홍예를 두고 그 위에 장대석을 놓았는데, 난간 돌에 치장한 문양의 아기자기함이 사치스러울 정도다. 창덕궁에 있는 금천교 역시 엄지기둥에 올려놓은 석수石獸의 얌전한 자태와 연잎을 각한 솜씨가 빼어나다. 과히 문화재란 명문의 족보에 보물급으로 등재되기에 부족함이 없는 교각橋脚들이다.

부처님을 모신 절집으로 가는 길에 놓인 다리도 그렇다. 선암사로 들어가는 개울에 놓인 승선교는 쌍무지개를 연상케 한다. 홍예로 설계하고 그 위에 크고 작은 돌을 차근차근 쌓고 흙으로 다져놔 소박하면서도 그윽한 멋을 풍긴다. 늦가을, 낙엽 질 때에 찾아가면 두 개의 반원 사이로 나뭇잎이 우수수 떨어져 내리는 것을 볼 수 있다. 제자리로 돌아가는 소슬한 행렬에 몸을 맡기고 서 있으면 사람의 한생도 이런 것이려니, 잠깐 뜬 무지개 같거니 마음공부 한 수를 다리 앞에서 먼저 배우게 된다.

하지만 이런 다리들은 일반 서민들과는 거리가 멀다. 자주 건너 다닐 수 있는 다리가 아니기 때문이다. 자신들의 생활과 비슷하게 닮아 있은 징검다리거나 소나무토막 몇 개 엮어 놓은 통나무다리래야 정겹고 맘이 편하다. 그런 다리래야 인간사에 얽힌 사연들이 끈끈하게 배어 있다. 장에 간 아버지 마중을 나가는 곳도 다리 앞이고, 객지로 나가는 자식의 뒷모습이 산모롱이를 돌아 완전히 자취를 감출 때까지 눈길을 떼지 못하는 곳도 다리 앞이다. 다리란 개울 이쪽 동네와 저 저쪽 동네를 이어주는 구조물이기도 하지만, 더는 다가갈 수 없게 하는 경계의 구실도 톡톡히 했었다.

70년대 초반, 도시외각에서 목장을 하고 있을 때다. 며칠째 강추위가 이어지다가 제물에 지쳐 눈을 퍼부었다. 추위에 발이 묶였던 친정어머니는 난로 앞에서 털목도리를 짜고 있는 딸에게 돌다리에 얽힌 옛날 옛적 이야기 한 편을 들려주었다.

어느 고을에 아들 삼형제를 둔 여인이 살고 있었다고 했다. 30대 중반에 남편을 여윈 아낙은 밤이면 개울 건너 후미진 산밑에서 홀로 살고 있는 남정네를 찾아다녔다. 어쩌다가 정을 통하게 된 두 사람은 마음속에 감추고 있는 사랑의 미로를 남들에게 들키지 않으려고 태연스러움을 가장했다. 그리곤 밤이 깊어지면 여인은 남자를 찾아서 신과 버선을 벗어 들고 정강이까지 차오르는 물을 건넜다.

물을 건너온 여자의 몸은 젖은 새의 깃털처럼 차고 가련했을 터였다. 남자는 이 가련한 여자를 뜨겁게 품었을 것이고, 깃털이 젖은 새는 넓고 따뜻한 남자의 품안으로 파고들었을 것이다. 여인은 비로소 깨달을 수 있었으리라. 중년 여자가 육체의 본능에 눈을 뜨면 어린새끼가 쥐고 잠든 옷고름을 가위로 자르고서 집을 나간다던 말이 결코 허튼 속설이 아니었다는 것을.

마침내 어머니의 이런 소행을 아들들이 알게 되었다. 아무리 겉으로는 태연스러움을 가장해도 밤마다 집을 빠져나가는 어머니의 기척을 한 지붕 아래서 모를 리 없었다. 아들들은 밤마다 찬 물을 건너가는 어머니가 가여웠다. 이런저런 궁리 끝에 개울에 돌다리를 놓기로 결심을 세웠다.

밤이 이슥해져 어머니가 고양이 걸음으로 집을 빠져나가자 맏이는 동생들을 데리고 개울로 나갔다. 희미한 달빛 아래서 삼형제는 부지런히 돌을 들어다가 다리를 놓기 시작했다. 돌이 움직이지 않도록 큰 돌 밑에는 작은 돌을 고였다. 삼형제가 하는 짓이 신통하여 달도 마을을 싸고 있는 산들도 껄껄 웃으며 그들의 등을 쓰다듬어 주었을 것이다.

여인이 엉클어진 머리와 옷매무새를 고치고 종종 걸음으로 개울에 도착했다. 그러나 놀랍게도 징검돌이 적당한 간격으로 놓여져 있었다. 탄탄하게 놓여진 다리였다. 여인은 징검다리를 건너 집으로 돌아오면서 곰곰이 생각해 보았다. 자신이 집을 나온 후에 놓여진 것이라면 분명 맏이가 동생들을 데리고 나와 놓고 간 다리였을 터, 순간 다리가 후들거리고 얼굴이 불에 덴 듯 화끈거렸다.

그날 이후로부터 여인은 더 이상 남자를 찾을 수 없었다. 민망하고 부끄러워 차마 징검돌을 밟고 건너갈 수가 없었던 것이다. 개울 건너 외딴 집 추녀 밑에서 새어나오는 불빛이 아무리 따뜻하게 타올라도 어금니를 사려 물고 견디었을 것이다.

남자도 그러했으리라. 기인 밤을 가랑잎 굴러가는 소리에도 문을 열어보았을 것이고, 새로 이엉을 엮어 올린 추녀 속으로 굴뚝새들이 들고나는 소리에도, 멀리서 개가 짖어도 행여 그녀가 오는가 싶어 가슴 두근거렸을 것이다. 때로는 봉당에 불을 밝혀 놓고 헛기침을 하면서 밤을 새우기도 했을 것이다.

그래도 여인은 오지 않았고 세월의 서리만 허옇게 쌓여갔으리라. 한 번 왔다가 가는 이 세상에서 그들은 외롭고 쓸쓸하게 여위어갔으리라. 이렇게 되면 효심으로 놓은 다리가 불효의 다리가 되었다고 보아야할지 지금도 나는 정답을 찾을 수 없다. 다만 그토록 애달픈 사연은 빈방에 고였다가 물러가는 적빈赤貧한 달빛 같기도 하고, 개천가 다북쑥 사이로 저 혼자 피었다가 지는 달맞이꽃 같기도 하더란 말 외엔, 달리 할 말 없음이 유감스러울 뿐이다.

2008년 여름

옐로우 카드

육신은 영혼이 머무는 집이라고 흔히 말한다. 때문에 집이 허술하면 영혼도 따라서 생에 대한 의욕이 떨어져 만사가 귀찮아진다.

몸이 또 '옐로우 카드'를 내밀었다. 처음엔 독감으로 경고를 내렸으나 주사와 약으로 대충 때우려하자 위염으로 배후를 쳤다. 이 지경으로 몰리면 몸이 원하는 대로 보비위를 맞추어줘야 한다. 더 이상 방기하면 큰 병을 얻을 수 있을뿐더러 체력이 바닥난 터라 회복이 늦어지기 때문이다.

한 달 가까이 멀건 흰 죽으로 속을 달래니 몰골이 우습다. 오장에서 발생한 열이 입술로 올라가 꽈리처럼 부르트고 눈자위가 깊어졌다. 뿐만 아니라 가는 목은 더 길어져 추석 무렵, 알에서 막 나온 '황새 늦새끼' 꼴이다.

돌이켜보니 지난 1년 동안은 일에 치여 지냈다. 사백 평 가까이 되는 정원을 가꾸는 것만으로도 버거운 터에 고추농사까지 떠벌렸고, 서고書庫짓는 일까지 겹쳐 도무지 쉴 틈이 없었다. 게다가 삼 년간 연재했던 서간문을 단행본으로 엮게 되어 교정보는 일과, 책 발송 작업으로 밤잠마저 줄여야 했다. 약골이 지금까지 버티어 온 것만도 실은 기적에 가깝다.

이틀 동안 군불로 달구어진 아랫목에다 몸을 파묻고 동면冬眠에 들어간 짐승처럼 웅크리고 잠만 잤다. 식탁 앞에서도 몽롱한 수면상태에서 헤어나질 못해 비실거렸다. 잠결에 시간이란 강물을 타고 돌아올 수 없는 곳으로 떠내려가는 것 같아 정신을 차리려고 머리를 흔들어 보았으나 소용이 없었다.

오늘은 바람이 몹시 불고 있다. 성난 짐승처럼 내달리는 서슬에 유리창에 덧대 놓은 문풍지가 울고, 추녀 끝에 매달아 놓은 풍경의 자지러지는 공명이 귓전에서 떠나질 않는다. 이런 추위가 몇 번 더 지나가고 나면 꽃이 피고 새 잎이 돋을 것이다. 이미 생강나무에 맺힌 꽃망울은 내 입술에 잡힌 물집만큼 컸고, 개울가 버들강아지도 투구를 벗어던졌다. 닭의 목을 비틀어도 새벽이 오듯, 제아무리 꽃샘추위가 극성을 떨어도 여기저기에서 밀어닥치는 봄기운을 감당해내지 못할 것이다.

모처럼 사과 한 알을 까먹고 크게 심호흡을 몇 번 했다. 그리곤 다시 방으로 들어와 벽에 기대고 앉아 눈을 감았다. 불현듯 티베트 속담에 나오는 비둘기가 생각났다.

"어리석은 비둘기는 침상을 만드느라 밤새도록 설치다가 잠자리에 들기도 전에 아침을 맞는다."

등줄기가 서늘해진다. 이렇게 살다가는 나도 영락없이 어리석은 비둘기처럼 죽음을 맞이하게 될지도 모른다는 생각이 들어서다. 아무리 휴식을 취하고, 좋은 음식과 약물로 단속해도 그믐달처럼 사위어가는 기운을 막을 수 없질 않겠는가.

나는 오랜만에 염주를 꺼내들고 방바닥에 꿇어 엎드렸다. 이제부터라도 집착과 편견의 벽을 허물고 혈연으로 맺어진 가족들에게서 몇 걸음 물러나와 '나' 답게 살 수 있게 해달라고 기도했다. 가능한 아는 것을 뛰어 넘을 수 있는 용기와, 따뜻한 마음을 지니고 살아가되 좀 더 겸손해지기를 간구하였다. 끝으로 육신이란 헌집을 땅에 버리고 갈 때에는 '이름 석 자'가 부끄럽지 않도록 도와 달라고 간청할 때엔 목이 메었다.

어느 덧 해가 저물어 정원에 있는 나무들의 그림자가 한껏 길어졌다. 내일 지나 모래쯤에는 옐로우 카드를 반납할 수 있었으면 좋겠다.

2009년 초봄

제구실

아기들은 앓고 날 적마다 재주 한 가지씩을 배운다. 갑자기 열이 오르거나 설사를 하게 되면 어미는 까무러질 듯 우는 아기를 안고 병원으로 달려간다. 이렇게 한바탕 소동을 떨고 나면 신통스럽게도 배밀이를 하거나 따로 서기를 했다. 어른들은 이런 성장과정을 두고 '제구실'을 치렀다며 자랑스럽게 여겼다.

사람이 일생을 살아가는 동안 이런 식의 '제구실'을 수 없이 겪는다. 유아기를 거쳐 유년기에서 청년기로, 다시 장년이 되면서 희망과 좌절, 사랑과 미움, 만남과 별리의 길항을 반복하면서 세상살이를 견디는데 필요한 요령과 지혜를 터득한다. 그러고도 한계에 부딪치면 또다시 몸과 마음에 열꽃이 돋는다.

그날 불현듯 변산 쪽으로 길을 나섰던 것도 나로선 제구실 치르기나 다름없었다. 전날 밤엔 겨울비가 추적거리며 내렸는데, 칠흑 같은 어둠 속에서 마을회관 마당가에 서 있는 가로등 불빛이 마치 등댓불처럼 아득하게 떠 있었다. 이슥토록 창가에 서서 아득한 불빛 사이로 사선을 긋는 빗줄기에 시선을 꽂아보았으나 머릿속은 여전히 공백상태였다. 다시 등받이 의자로 돌아와 눈을 감고 무엇을 어떻게 쓸 것인가를 고민하다가 잠이 들어버렸다.

몸이 몹시 불편하게 느껴져 눈을 떴을 때는 날이 훤하게 밝아 있었다. 의자에 앉아서 장장 다섯 시간 동안 잠을 자는 사이에 비는 그쳤고, 회색빛 구름이 기류를 타고 흩어졌고, 흩어지는 틈새로 푸른 하늘이 언뜻언뜻 비쳤다. 모니터의 커서는 밤새도록 글자 한 자 찍혀있지 않은 미답지에서 깜박거리며 주인의 신호를 기다리고 있었다. 갑자기 더 이상 글을 쓸 수 없을 것 같은 절망감이 엄습했다. 순간 어젯밤에 등대불빛처럼 아득하게 떠 있던 가로등이 생각났다. 바다로 향한 그리움은 자연스러운 연장선이었다.

문학은 내게 성소였다. 늘 새로운 제물을 올리고자 갈등하였고, 새로운 제물이 준비되지 않으면 쌀 항아리가 바닥난 아낙처럼 안절부절못했다. 그리되면 배가 고팠다. 냉장고 문을 열고 이것저것 끄집어내어 삶고 볶고 무치어 속을 채우고 나면 포식으로 혹사당한 위는 제 주인을 잠의 아득한 나락으로 끌어내렸다.

새벽 네 시면 어김없이 눈이 뜨였다. 옷을 걸치고 뜰로 내려서면 된서리가 잔디밭으로 내려와 은빛 서슬을 세웠다. 마른 가지를 타고 지나가는 바람은 콘트라베이스의 굵은 저음을 상기시켰고, 깊은 슬픔처럼 가슴으로 파고들었다. 어찌해야 하나? '쓸 것인가 말아야 할 것인가' 어둠 속에서도 윤곽이 뚜렷한 산의 능선을 바라보며 갈등하였지만 '문학은 악성질환'이었다. 어디에서도 백신을 구할 수 없는 고질이었다.

짐을 꾸렸다. 짐이라곤 하지만 가방 안에는 세면도구와 스웨터 하나가 고작이었다. 목적지는 변산반도로 정하고 나섰으나 충청도 내륙 깊숙한 두메에서 부안까지 가는 길은 멀었다. 대전초입에서 호남고속도로 올라서기까지 두 시간 반을 넘겼다. 비로소 무기력에 빠져 있던 감각과 신경세포들이 환호했다. 시디를 넣었다. '마이웨이'가 흘러나왔다. 엄지와 검지로 음을 맞추며 나지막한 목소리로 허밍했다. 라스트 콘서트로 이어지는 동안 차는 30번 국도로 들어섰고, 꽝꽝나무 군락지가 숲을 이룬 마을을 거쳐 호랑가시나무가 군데군데에서 푸른 갈기를 흔드는 길을 따라 채석강으로 내려갔다.

멀리 밀려나갔던 바닷물이 흰 포말을 일으키며 자분자분 되돌아오고 있었다. 그 물결 위로 잘디잘게 부서지는 햇빛이 눈부셨다. 머리에 수건을 쓴 중년 아낙이 굴 한 접시를 들고 조심스럽게 다가왔다. 방금 따온 것이라고 했다. 점심을 건너 뛴 참이라 사이다 한 병을 곁들이어 굴 한 접시를 달게 비우고 한참을 더 바닷가에서 서성거리다 내소사로 향했다.

주차장에 차를 대고 일주문 안으로 들어서자 수직으로 뻗어 올라간 전나무의 울창함 때문에 나는 갑자기 난장이가 되어버렸다. 나뭇가지 사이로 빛이 스며들었고, 빛과 그늘의 숨바꼭질을 즐기며 걸었다. 숲이 끝나는 지점에서 만나는 천왕문과 낮은 돌담, 그리고 오래된 느티나무와 여러 전각들이 초겨울의 잔광 속에서 고요했다.

대웅전을 향하여 조신하게 걸음을 옮겼다. 돌계단을 밟고 올라가 꽃살문 앞에 서자 콧날이 시큰했다. 가까이 다가서기조차 조심스럽도록 문에 새겨진 꽃들은 너무나 소쇄했다. 가만히 손을 내밀어 꽃송이들을 만져보았다. 열 번 스무 번을 쓰다듬고 또 쓰다듬어도 미진하고 애틋하였다.

누구였을까. 어떤 이였을까! 죽은 춘양목에 목척木尺을 놓아 꽃자리를 가량하고 열 송이 서른 송이 백송이 꽃을 피워 헌공한 이는.

법당 안으로 들어가 꽃살문과 마주 앉았다. 그러나 소지素紙에 비친 것은 빗살과 격자살만 드러나 있을 뿐이었다. 무슨 조화속인가 싶었다. 모란, 국화, 연화를 도드라지게 피운 목공의 손길은 어디로 다 숨고 소지에는 기우는 햇살 속에서 문살만이 고즈넉하다니.

꽃은 달이 떠야만 제 자품을 들어낸다고 했다. 능가산 능선 위로 만월이 두둥실 떠오르면 목공이 빗살과 격살에다 피운 꽃 그림자는 학이 되어 나래를 편다고 했다. 꽃 그림자가 학으로, 학이 다시 꽃으로 환원한다는 꽃살문 앞에서 나는 밤을 새우고 싶었다. 밤을 새우면서 온전한 어둠과 빛을 통해 학과 꽃이 펼치는 윤무輪舞를 보고 싶었다.

그러나 빛깔을 지우고 풍우에 몸을 깎아낸 꽃들은 그림자가 펼치는 윤무마저 거부하고 있었다. 그림자에 그 무슨 의미를 부여하겠냐는 것이었다. 이미 목공과의 인연을 버린 지 오래이거늘, 아니 부처마저도 버렸거늘, 어떤 이의 감탄사가 사위어가는 나무의 무심을 돌이킬 수 있겠는가.

소쇄하게 나뭇결만 남은 그 무심 앞에서 합장이란 또 얼마나 부질없는가. 나는 결연히 돌아섰다. 자연으로 돌아가는 성스러움 앞에서 더 머물러야 할 이유가 없었다. 나는 총총히 일주문을 벗어나와 해안선으로 차를 몰았다. 친구가 일러준 콘도로 찾아가 여장을 풀기 위해서였지만, 외롭지도 않았고 헛헛하지도 않았다. 백일몽에서 깨어난 듯 정신이 번쩍 들었을 뿐이었다.

2006년 초겨울

미완未完의 집

거실에다 20여 점의 서화書畵를 걸어 놓았다. 산중에서 느끼는 고적함을 잊기에도 좋지만, 소장품 태반이 작가들에게 직접 선물로 받은 것들이라 어느 한 점도 소홀히 다룰 수 없는 예우도 적잖이 작용했다. 또 작품을 눈여겨보고 있으면 작가들이 지닌 개성은 물론, 채색을 선호하는 취향과 그들의 정신세계를 엿보는 재미도 한몫을 거들었다.

창작행위란 실로 고달프기 그지없다. 예술이란 제단에 새로운 제물로 올릴 하나의 상像이 잡히면 작가는 가혹하리만치 그 상에 자신을 몰아붙인다. 그렇게 몰아붙이지 않으면 자기가 지닌 개성을 제대로 살릴 수 없기 때문이다. 벽에 걸린 金剛經도 이 선생이 30년 간 붓 한 자루를 생의 이정표로 삼고 예도를 향해 묵묵하게 걸어오는 동안 스승에게 배운 모방의 틀을 깨고 독특한 자신의 서체를 만들어 낸 결정체라 할 수 있다.

화가들도 이선생과 다르지 않다. 이젤을 마주하고, 켄트지에다 심상의 형태를 표현하기 위해 칠하고 문지르는 작업으로 얼마나 육체를 혹사시키던가. 가끔 작품에서 비장미를 느끼는 것도 이런 연유에서 기인基因된 것일 터이다.

한때 화랑을 운영해 보고 싶어 했다. 시간만 나면 전시장을 기웃거리거나 인사동 골목을 누비고 다녔다. 80년대 초에 그것도 지방에서 화랑을 운영한다는 것은 가당찮은 꿈이었다. 돈 많은 사람들의 호사스러운 취미에 불과했을 때였으니 봉급쟁이 아낙으로선 분명 맹랑한 꿈이었다. 지금 생각해 보면 그런 맹랑한 꿈을 꾸었던 것은 정신적인 허기에서 비롯된 일종의 치기였다. 그래도 한때 그런 치기를 부리고 다녔던 것이 동기가 되어 서화에 대한 안목을 높이게 되었고, 적잖은 작품을 수집하는 계기가 되었다.

우리 집 거실에 있는 작품 중에서 눈길을 자주 보내는 것은 전축에 올라앉은 12호 크기의 '미완의 집'이다. 청주대학에 재직하고 있은 엄교수가 충북미전에 초대작품으로 출품했던 것인데, 그는 그림을 들고 와선 한 마디 툭 던지고 갔다.

"두고 보면 괜찮을 겁니다."

비구상에 가까운 이 그림은 곡선이 없는 일자형으로 된 집이다. 집이라고는 하지만 벽의 절반을 지붕이 차지한 특이한 모습을 하고 있다. 게다가 본바탕은 연회색과 흰색 유화를 섞어서 문질러 놓았다. 게다가 지붕의 중심에 오브제로 붙여 놓은 기역자 모양의 나무쪽은 진한 청회색을 거칠게 덧발라 놓았다. 아무리 보아도 색채와 조형요소는 다 빼놓은 일종의 은유와 상징만으로 표현되어 벽에다 걸어 놓기에는 좀 난해한 듯싶었다. 엄교수에게는 대단히 미안한 일이었지만 거실 바닥에 세워 놓는 것으로 대접해 주었다.

그 후로 그 그림은 있어도 없는 듯, 벽 밑에서 조용히 숨죽이고 지냈다. 그렇게 1년이 지나간 어느 날 아침이었다. 거실 바닥을 닦다가 그림 앞에서 지극히 절제된 색채와 표현 속에서 침묵으로 숨어 있는 수많은 꿈과 이야기를 발견하게 되었다.

"아! 바로 이것이었구나".

그제서야 '두고 보면 괜찮을 것이라'던 엄교수의 말이 떠올랐다. 그 날로 나는 그 그림을 '미완의 집' 이란 화제를 달아 놓고, 곧 바로 전축 위로 올려놓았다. 그 자리는 거실의 중심이라 현관에 들어서면 정면으로 보이는 특석이었다. 청빈한 당상관이 하루아침에 대사헌이 되는 파격적인 승진을 한 셈이었다.

날이 갈수록 그림이 좋아지기 시작했다. 짓다가 만 허전한 공간에다 먼저 어떤 모양의 집을 지을 것인가를 구상해 보았다. 시원하게 트인 일자형에다 지붕이 서원처럼 진중하게 내려앉았으니 아무래도 한옥이 잘 어울릴 것 같았다. 심심하면 그림 앞에 앉아서 수수깡을 빗살로 엮어 벽을 만들고, 작두로 짚을 잘게 썰어 황토에 섞어 성근 빗살을 메워나갔다. 지붕은

기와보다는 이엉을 엮어 얹으면 둥근 모양이 더 아늑할 것 같았고, 마루는 송진내 나는 적송을 켜서 깔면 좋을 듯 싶었다. 문은 미닫이로 달고 덧문의 창살은 정자井字나 띠살로 짜서 달면 썩 어울릴 것이라는 상상을 하다 보니, 마음 밑자리에 내재되어 있던 정서의 본질이 고개를 들었다. 흙에 대한 향수, 포근하고 아득한 울림이 나를 흔들기 시작했다.

그 후부터 수시로 자연으로 돌아가야 한다는 생각에 사로잡혔다. 늘 남의 집 문간방에 세 들어 사는 것 같던 도시 생활이 더 답답하게 느껴졌다. 글을 쓰는 것으로 채우던 정신의 허기가 다시 도졌고, 우울증과 불면증으로 지병인 류머티스 관절염이 날로 악화되었다. 불가피 산촌으로 들어갈 계획을 앞당겼으나 막상 정착할 곳이 마땅치 않았다. 친정 조카와 상담한 끝에 찾아온 곳이 지금 살고 있는 수렛골이었다. TV채널도 잡히지 않는 오지였지만 산세가 수려하여 더 이상 지역탐색을 취소하고 집 짓는 공사를 서둘렀다. 이렇게 시작된 산촌 생활을 몸에 익히게 되면서 두려움에 떨던 불면증이 치유되었다. 따라서 '未完의 집'도 다시 미완으로 돌아갔다.

요즈음은 본연으로 돌아간 '미완의 집'을 보면서 〈밀로의 비너스〉를 생각해 보곤 한다. 두 팔이 없어 탄력 있는 골반에 아슬아슬하게 걸쳐진 옷자락, 그 부끄러움을 거두어 올릴 두 팔이 있었다면 여신의 천성天性을 지킬 수 없었을지도 모른다. 터질 듯한 젖가슴과 잘 익은 포도알 같은 젖꼭지와 아늑한 동굴을 연상시키는 깊은 배꼽과, 약간 비틀린 관능적인 몸매를 지니고도 여신으로 승화될 수 있었던 것은 팔을 잃어서였을 것이다. 어느 시인의 말처럼 "팔이란 욕심을 심부름하는 원죄에 속한 것"이지 않던가.

≪밀로의 비너스≫가 원죄를 심부름하는 팔을 제거한 것은 작가의 의도가 아니다. 밀로의 섬에서 비너스가 발견되었을 당시에 이미 팔은 부러져 있었다고 한다. 팔을 훼손당하므로, 비너스는 사랑하고 번민하고 출산의 고통을 겪어야 하는 여성성을 뛰어넘을 수 있게 되었다. 뿐만 아니라 이 아름다운 여신은 미술계에 새로운 혁신을 일으키었다. 과감하게 아틀리에로 진출한 비너스는 수많은 화가들의 붓과 조각가들의 끌과 조각도를 통해서 성에 대한 본질을 초월한 더 아름다운 여신으로서 승화되었다. 미술사에 지대한 공헌을 남긴 이 비너스는 앞으로도 계속하여 데생의 모델로 그 자리를 고수할 것이다.

거실에 있는 저 '미완의 집'이 아니었다면, 나는 아직도 회색빛 도시에서 창백한 얼굴로 살고 있었을 것이다. 밀로의 비너스가 팔을 제거함으로 신화의 원형을 지킬 수 있었듯, 은유와 상징만으로 표현한 한 화가의 절제된 그림을 통해 나는 자연으로 귀향할 수 있었다. '未完'은 이렇게 완성보다 더 많은 것을 깨닫게 하니 큰 공부를 한 셈이다.

2003년 첫여름에

산국을 태우며

오늘은 종일토록 눈이 내리다가 그치고, 그쳤다가 또 퍼붓곤 한다. 산정에 도열한 나목들의 오연한 기개가 설무雪霧에 잠기고, 마당에 쌓이는 눈은 희고도 희어서 푸른 착시를 일으킨다. 가을은 붉은 치맛자락을 감아쥐고 쫓기듯 급류를 타고 건너가더니만, 겨울은 옥양목 도포자락을 날리며 쉬엄쉬엄 넘어가실 모양이다.

매무새 깔밋한 박새가 마당가에 세워 놓은 솟대에 자발없이 올라앉아 꽁지깃을 까불거린다. 필시 배가 고파서 날아온 모양이련만, 하는 짓거리가 햇갑기 짝이 없다. 쌀이라도 한 줌 주고 싶은데 천지가 눈이다. 어디에다 먹이를 뿌려야 할지 망설이는 동안 녀석은 개울 건너로 포르릉 날아가 버렸다.

다시 고즈넉하다. 추녀 끝에 매달려 명징한 울림을 떨구던 풍경마저 미동도 않는다. 눈발 속에서 미동도 않는 침묵이 오히려 발원發願의 중량보다 더 무겁다.

일찌감치 군불을 지피곤 질화로를 내다 불을 담았다. 엄동설한에 외풍을 막아주는 데는 화롯불보다 더 좋은 난방기구는 없는 성싶다. 발갛게 이글거리는 잉걸불을 묵은 재로 다독다독 누르고, 마른 산국 몇 송이 뿌려 서재로 들여놓았다. 실낱같이 피어오르는 푸른 연기를 타고 향긋한 꽃내음이 방안을 채운다.

산국은 된서리를 맞은 후에야 고운 빛깔과 향기로 제 자품을 드러낸다. 그야말로 오상고절傲霜孤節이다. 이곳으로 이사 온 후, 한 해도 거르지 않고 산국을 따다 말려두고는, 가끔씩 차로 우려 마시거나 화롯불에 넣어 피우곤 한다. 산촌에 살면서 적적함을 달래는 유일한 즐거움이다.

꽃을 채국採菊할 즈음에는, 해만 설핏해도 한기가 살품으로 파고든다. 쇠잔하게 사그라지는 잡풀 사이에서, 노란 물감을 풀어놓은 것 같은 꽃무더기에 묻혀 앙증맞도록 작은 꽃송이를 따다 보면 시정이 절로 인다. 거실 벽에서 굴원의 어부사漁父辭를 떼어내고 도연명의 "잡시雜詩"를 걸어 놓은 것도 대쪽같은 선비의 결기보다는, 동쪽 울타리 밑에서 국화를 따는 은자의 모습이 더 좋아서다. 그분의 눈에 유연히 비쳐드는 남산과, 그 산에서 뿜어 나오는 아름다운 기운과, 날아가고 날아오는 새들의 울음에서 자연의 진의眞意가 있다고 한 시구가 좋아서다. 아니 그 진의 앞에서 말을 잊었다는 언외言外에 담긴 시 맛이 좋아서다. 그런 맛을 내기까지 운명으로 달관하고, 비애로 달관하고 체념으로 달관한 고매한 정신이 좋아서다. 이와 같은 경지를 헤아려 볼만큼 나이테를 감은 내 연륜이 고마워서다.

사람이 그럴싸하게 나이를 먹는 것은 좋은 일이다. 대체적으로 60대로 접어들면 삶에 굴곡을 여러 번 넘나들었던 경험을 지니게 된다. 그러므로 해야 할 일과 해선 안 될 일을 분별할 줄 알게 되고, 더 이상 미래를 생각하며 새로운 희망을 키우거나 이상理想을 품지 않는다. 대신 과거에 대한 그리움이 짙어진다. 이루지 못한 회한 때문에 젊은이들을 보면 '나도 저 나이라면, 아니 30대만 되었어도 좋겠다'는 말을 자주 입에 올린다. 급하던 성격도 누그러지고 귀에 거슬리는 말을 들어도 속에다 오래 묵새기지 않는다. 불쾌한 일일수록 빨리 마음에서 털어버리는 것이 자신을 위해서나 상대를 위해서도 좋을 일임을 알기 때문이다. 식성도 변한다. 단 것을 좋아하던 사람이 쓴 것으로 바뀌기도 한다.

그러나 이런 것은 여벌에 가깝다. 중요한 것은 자녀들의 교육과 결혼문제가 어느 정도 해결되었다는 점이다. 어깨에 지고 있던 짐을 내려놨으니 얼마나 홀가분한가. 게다가 직장에서도 은퇴를 했다면 시간의 얽매임으로부터 놓여나 비로소 자신이 하고 싶었던 일을 맘먹고 할 수 있는 자유가 주어진다.

다만 뇌의 세포가 점점 퇴화되는 것이 안타까울 뿐이다. 그렇게 잘 외우던 단어가 막히거나, 대화 도중에 책의 제목이나 친구의 이름이 생각나지 않아 말을 더듬는 경우도 종종 생긴다. 때로는 전날 밤에 가방에다 잘 챙겨 넣은 서류나 도장 같은 것을 다음 날 아침에는 엉뚱한 곳에서 찾느라 법석을 떨어 댄다. 이럴 때는 정말 한심스럽다. 그렇지만 어찌하겠는가, 이것도 자연의 순리인 것을.

오류선생도 이런 연륜의 어름에서 '잡시'를 짓지 않았나 싶다. 말발굽 소리가 들리고 마차가 지나가고, 사람들의 발걸음이 그칠 줄 모르는 시정에 묻혀 살면서도 세상의 소리를 귀 밖으로 물리칠 줄 아는 초연함은 이러한 순리를 깨달아야만 가능할 것이다.

내가 사는 곳은 앞도 산이고 뒤도 산이다. 첩첩산중이어서 눈이 오면 빙판 진 산굽이를 돌아나갈 수 없어 봄이 올 때까지 발이 묶인다. 외로움이 깊어지면 수척해진 그림자를 끌고 휘적휘적 산으로 들어간다. 겨울산은 노년의 빛이다. 성장만을 위한 치열한 향일성向日性으로 눈부시던 지난날의 흔적이라고는 마른 잎새 뿐이다. 낙엽을 밟거나 눈 위에 발자국을 남기며 걷다가 바람이 불면 걸음을 멈춘다. 나무들이 온몸을 흔들며 울기 때문이다. 감수성이 예민한 어린 나무들은 자지러지는 소리로, 수직상승으로만 치솟은 낙엽송은 밑둥까지 흔들며 깊은 울음을 토한다.

그러나 바람은 무정하다. 이쪽 산에 나무들이 울음을 그치기도 전에 저쪽 골짜기로 옮겨간다. 다만 울지 않는 것은 사슴

뿔을 단 고사목 뿐이다. 바람이 아무리 흔들어대도 옴짝도 않는, 이끼 끼도록 폐쇄된 무심이 서글프다. 이미 존재의 의미를 잃은 무심과, 바람을 안고 우는 유심 사이에서, 죽어 있는 것과 살아 있는 것의 차이가 얼마나 깊은가를 생각해 보곤 한다.

눈발이 다시 날린다. 밖은 이미 어둠에 잠긴 지 오래다. 시계의 초침이 분침을 향해가고, 분침은 시침을 따라가고 있다. 내가 아무리 잡고 싶어도 잡을 수 없는 시간이 가고 있는 것이다. 조셉 에디슨의 말처럼 "오늘이란 죽은 사람이 그토록 바라던 내일"이건만, 또 그 내일이 나의 오늘로 막을 내릴 수도 있는데 말이다.

다시 산국을 집어 화롯불에 뿌린다. 짙은 향기를 품은 연기가 허공을 향해 은유의 꼬리를 물고 가물가물 피어오른다.

2003년 겨울

눈길

기온이 그렇게 떨어지고 눈까지 내릴 줄은 예상치 못했다. 아침에 집을 나설 때까지만 해도 겨울날치고는 포근했고, 햇볕도 따사로운 편이었다. 오후로 접어들면서 빠른 속도로 바람이 일고, 이어 구름이 몰려오는가 싶더니 눈발이 흩날리기 시작했다.

길을 나서기 전에는 필히 일기예보를 알아두어야 한다. 그럼에도 산 밖을 나설 양이면 매번 시간에 쫓긴다. 이곳에서 구할 수 없는 마른 찬거리며 생필품 따위를 메모하고, 남편의 하루 분 식사까지 준비하고 나면 일기예보를 놓치기 일쑤다. 게다가 곁불 쬐기로 화랑을 둘러보고 영화라도 한 편 관람하고 나오면 나의 귀가는 어둠이 동굴처럼 깊어진 뒤에나 가능하다. 하물며 지금은 겨울이지 않는가.

산촌에서의 고독감은 정체된 일상에서 오는 권태와 대화의 궁핍에서 온다. 대지의 소생력, 그 경이로움과 아름다움에 아무리 빌붙어도 감정의 교류가 이루어지지 않는다. 정情의 울림이 없는 까닭이다. 그래 사람이 그리운 것이다. 상처를 주고받을지라도 사람이 그립고, 밤이면 불의 강을 이루는 도시의 불빛과 문화가 그리워 때때로 일탈하고 싶은 충동이 도발적으로 일어나곤 한다. 1년에 대여섯 번 서울과 청주로 나가는 것도 이 때문이다. 그곳에 가면 그 하늘, 그 거리, 그 도시의 문화와 정인들이 나를 반겨 준다.

오늘은 글을 쓰는 친구가 책을 출간하고 모임을 주선한 날이다. 오랜만에 보고 싶었던 글벗들을 만나면 쉽게 자리를 뜰 수가 없다. 이런 날 식사는 그야말로 대중공양이다. 얼굴을 가까이 대고 소곤거리며 대화를 주고받는 것이 아니라 왁자하게 떠들면서 음식을 입에 퍼 넣는 자리다. 게다가 어디든 약방의 감초처럼 익살꾸러기 한 사람쯤은 끼게 마련이어서, 그의 짓궂은 입담에 홀려 연신 웃음꽃을 터뜨리게 된다.

그런 소란한 분위기에 휩싸여 시간 가는 줄을 몰랐다. 오늘은 아무리 얘기 장단이 흥겨워도 오래 퍼지르고 있어선 아니 될 처지임을 까맣게 잊고 있었던 것이다. 신선놀음을 끝내고서야 '아차' 싶었고 차에 시동을 걸면서부터 불안은 시작되었다. 더구나 스노우타이어를 끼우지 않았으니 돌아갈 3백 리 길이 아득하였다.

거리는 나붓나붓 떨어지는 눈발과 인파로 넘실거렸다. 불꽃 같은 혈기의 젊은이들은 눈 오는 밤을 즐기기 위해 밤늦도록 거리로 카페로 몰려다닐 것이다. 나는 꽃의 물결에 부유하듯 떠밀려 시내를 벗어나 외곽으로 들어섰다. 이미 중앙선은 진작부터 없어진 듯싶었다. 제가 알아서 가야만 하는 위험천만한 길이었다. 비상등을 켜고 가능한 브레이크를 밟지 않을 속도를 유지하기 위해 신경의 촉수를 곤두세웠다. 눈 깜짝할 사이에 무슨 일이 벌어질지 알 수 없었기에 앞차의 후미등을 등대 삼아 조심스럽게 따라붙었다.

한 시간 가까이 길라잡이 노릇을 하던 차가 증평을 지나 괴산 쪽으로 갈라지는 분기점에 이르러 오른쪽으로 꽁무니를 트는가 싶더니 이내 사라졌다. 갑자기 낭패감과 두려움에 머리칼이 올올이 곤두섰다. 그토록 자주 다니면서 숱하게 보아 온 풍경들이건만, 앵글을 맞추지 못해 사물의 윤곽이 뚜렷하지 않은 곳으로 끌려가고 있는 것처럼 모든 것이 생경했다. 내가 초조해 할수록 생경한 풍경들은 더 깊은 정적 속으로 가라앉는 것 같았다. 어쩌면 이곳에서 생을 마감한다고 해도, 누구 하나 달려와 내 죽음을 안타까워할 리 없는 이색 지대에 홀로 버려진 것 같은 단절감에 진저리를 쳤다.

그래도 가끔씩 반대편 차선에서 차가 오기도 하고 옆으로 지나가기도 했다. 하지만, 그들도 사지에 내몰린 외로운 병사처럼 복병을 피하느라 절절 맸다. 신경의 촉수를 곤두세우고 달천강을 건너 충주에 도착한 것은 청주를 출발한 지 세 시간이 지난 후였다. 평소 한 시간이면 족하던 거리였다.

등은 식은땀으로 축축했고 목이 말랐다. 주유소로 들어가 자판기에서 커피 한 잔을 빼먹고 다시 차 안으로 들어왔다. 아직도 집까지 가려면 한 시간은 족히 걸릴 것이었다.

다시 시동을 걸고 이번에는 속력을 좀 더 냈다. 아무리 길과 들의 경계가 모호해도 손금 들여다보듯 훤한 곳이어서 운전하기가 수월할 것 같아서였다. 차가 조심스럽게 국도를 벗어나 산읍을 지나고, 저수지 굽이를 돌아 당산나무가 있는 마을 어귀로 접어들자 비로소 두려움에서 벗어날 수 있었다. 멀리 회관 앞에 선 가로등이 보였다. 그러나 마을 어귀에 있는 언덕은 밑에서부터 탄력을 받아야 올라갈 수 있는 마지막 시험 코스다. 도폭이 좁고, 경사가 급해 눈이 오면 트럭도 십중팔구 제자리걸음만 치다가 돌아가는 언덕이 또 한 번 나를 불안케 하였다. 자칫 미끄러지면 개울로 곤두박질치게 될 터, 단전에 힘을 주고 앞을 똑바로 주시했다.

그때 눈 위로 흙이 깔려 있는 것이 보였다. 착시를 일으킨 것은 아닌가 싶어 다시 보았지만 틀림없었다. 그것도 방금 모래를 삽으로 훌훌 뿌려 놓고 간 듯싶었다. 오른쪽 발에 적당한 힘을 가하자 차는 거뜬하게 모래를 타고 언덕 위로 올라섰다.

멀리 불빛 속으로 사람이 보였다. 그가 빈 리어카를 끌고 막 집으로 들어가고 있었다. 산 밑 작은 집에는 창마다 불빛이 환했다. 집 안에 있는 전등이란 전등은 죄다 켜 놓았던 것이다. 얼마나 오랫동안 기다렸을까. 청주에서 출발할 때 전화를 했으니 수없이 창문을 열고 내다보았을 것이었다. 외진 산골에서 홀로 누군가를 기다린다는 것은 쓸쓸하고 따분한 일이다. 그의 쓸쓸함과 따분함과 조바심이 눈에 보였다. 혼자 식탁에서 밥을 먹었을 것이고, 전화기로 수없이 눈길을 보냈을 것이다. 불면을 밝히는 초조함이 자정을 넘자 결국 리어카에 모래를 싣고 이 길로 나왔을 터였다.

언덕 위에서 차를 세우고 라이트를 껐다. 아직도 눈꽃이 나풀나풀 산의 등고선은 물론 회화나무 숲이며 온 마을을 뒤덮고 있었다. 잠시 바람의 현을 타고 일렁이는 꽃송이들, 그 순결한 성채가 산 밑 작은 집에서 새어나오는 불빛을 만나 더 희게 빛나고 있었다. 그 희고 맑은 빛 속에서 한 남자가 현관문 앞에서 머리와 옷에 묻은 눈을 털고, 다시 한 번 길 쪽으로 눈길을 보내는가 싶더니 안으로 들어갔다.

눈길에 선명하게 찍힌 리어카와 그의 발자국, 불빛 속에서 움직이는 동작 하나 하나를 지켜본 나는 핸들을 잡고 있던 손등에 얼굴을 묻고 말았다.

2001년 겨울

3부

어머니의 歸去來辭

방하착

찰밥과 깻잎장아찌

캠프에는 불빛이

내가 하나의 풍경이 될 때

오빠와 하모니카

어느 여름날의 실루엣

가을의 안부安否

강물만 푸르러

연민

어머니의 歸去來辭

자박자박 마른 잎을 적시며 비가 내린다.

비둘기 몇 마리가 물먹은 잔디밭에서 부리를 씻는다. 한 끼 양식조차 갈무리 할 줄 모르는 새들에게 겨울은 춥고 배고픈 계절. 아파트 단지를 사촌 집 드나들 듯 하는 녀석들은 오늘도 먹이를 구하러 온 모양이다.

하건만 종일토록 비가 내려 아이들이 먹다버린 과자 부스러기 한 조각도 구경하기 어렵다. 빈 입이라도 다셔볼 양 잔디밭과 시멘트 블록 사이를 종종거리며 연신 입질을 한다.

찬비 맞고 허기져 오신 손님, 그대로 돌려보낼 수 없어 현미쌀과 좁쌀을 반반 섞어 바가지에 들고 나가니, 푸드득 붉은 벽돌담장 위로 날아간다. 다시 내려와 먹겠거니, 빈 부리만 놀리던 잔디밭과 블록 여기저기에 훌훌 뿌려 놓고 돌아섰다.

내가 3층으로 올라와 현관문을 닫고 거실 창가로 돌아와 앉기까지 소요되는 시간은 4분 정도다. 그 사이 새들은 땅으로 내려와 이게 웬 성찬이냐고 꽁지깃을 까불거리며 입놀림이 바쁘다.

내 귀는 다시 자박자박 빗소리에 젖는다. 아니 내 귀만 젖는 게 아니다. 온 산천은 물론 정원의 후박나무 갈색 잎이 젖으며, 노랗게 떨어진 솔잎도, 담장 밖에서 날아온 버짐나무 너른 잎사귀도 다 젖는다. 이리저리 바람에 끌려 다니던 낙엽의 남루한 잔해들이 비로소 한줌 부토腐土로 돌아갈 숙명의 자리에 누워 있음이다. 그 위로 내리는 겨울비는 고운 수심이 아닌, 임종의 비읍悲泣이다. 더는 원혼처럼 떠돌지 말고 영면하거라. 낙엽이란 이름으로도 존재할 수 없는 한계에 다달았음을 알아야 하느니. 이렇게 타이르는 비의 말씀이 진종일 그치지 않는다.

이와 같은 비의 말씀에 순종하여 제 살을 뿌리로 돌리는 것이 어찌 낙엽뿐이던가.

인생의 여든일곱 회랑回廊을 돌아온 우리 어머니께서도, 저문 세월의 자락에 누워 귀거래사歸去來辭를 입에 담고 지내신다.

"내가 너무 오래 산다. 어서 자는 듯이 돌아가야 할긴데…."

그 말씀이 하도 진지하여 당신께서 돌아가야 할 곳이 어디냐고 여쭈어보면,

"그야 흙구덩이지. 그만 돌아가 누워야 나도 편하고, 자식들 짐 덜어준다."

이것이 어머니께서 읊으시는 귀거래사의 본문이다. 더불어

수시로 염주를 돌리며 "부처님 자는 듯이 어서 데려가 주사이다." 주야로 보채시는 노보살님의 기도문 또한 딸의 가슴을 적시는 겨울 빗소리다.

어머니께서 생의 회랑을 여든일곱 번 돌아오시는 동안 마음속에 세 분의 보살을 모시고 살았다. 관세음보살과 지장보살, 끝으로 천수 천안 보살인데, 위 세 분을 모신 연대가 정확하게 나누어져 있다.

20대 중반에서 30대 중반까지는 세상의 소리에 귀를 열어놓고 계시는 관세음보살과 친하였다. 북간도에서 상해로, 상해에서 만주로 부초처럼 유랑하는 남편을 두고 있었던 여인은 하고많은 푸념을 관세음보살의 귀에 대고 다 털어놓았던 것이다. 만리타향에서 어느 날, 꿈결처럼 "나 왔소이다." 하고 문고리를 흔들 것만 같아, 첫닭 우는 소리를 듣고서야 잠자리에 들었다는 여인은 관세음보살이야말로 따뜻한 가슴을 지닌 최고의 도반이었을 것이다. 놋화로 앞에서 바느질하면서 첫 닭이 울도록 천번 만번 관세음보살을 찾았으나, 서른넷에 지아비에 대한 기다림의 끈을 놓고 말았다. 만주 길림성에서 양조장을 하시던 아버지께서 돌림병으로 사흘을 앓고 돌아가셨기 때문이다.

여자 나이 서른넷에 혼자되었다는 것은 부끄러운 일이다. 남편을 앞세운 팔자 드센 여자가 된 것 같아 3년 동안을 죄인처럼 두문불출하였다. 외할아버지가 돌아가셨어도 마당에 초석을 내다 깔고, 쪽머리를 풀어 호곡하는 것으로 자식의 도리를 지키셨다. 그렇게 스스로 쳐놓은 울타리 안에서 3년 간의 칩거를 끝내고는 이번에는 지상보살과 새로운 교제를 시작하셨다. 말도 배우기 전에 아버지를 여윈 딸이 영 사람구실도 못하고 죽을 것 같아서였다고 했다. 나는 잠결에도 늘 어머니께서 지상보살님께 올리던 간구를 잊지 못한다.

"아비 얼굴도 모르는 저 불쌍한 것, 몸성히 키워주사이다. 지장보살, 지장보살…,"

마침내 우리 형제들은 어머니께서 관세음보살과 지장보살께 올린 간곡한 기도의 공덕으로 장성하여 제 각기 가정을 이루었다. 며느리가 들어오고, 서리병아리처럼 제 몸도 추스르지 못해 비실거리던 딸도 시집와 아들을 둘이나 얻었다. 우리 형제들 몸에서 낳은 아이들이 또 제 새끼를 쳐 4대가 모이면 30명에 이른다.

이렇게 자손들이 번창해지자 아무래도 두 분의 보살만으로는 안 되겠다 싶으셨는지 더 강도 높은 능력의 수호신을 찾아 나섰다. 마침 다시 만난 보살은 천 개의 손과 천 개의 눈을 가진 천수 천안 보살이었다. 비로소 마음이 놓였다.

그러나 알고 보면 천수 천안 보살은 관세음보살이다. 관음보살이 여러 모습으로 현신하는 것을 어머니는 모르고 계셨으므로, 천수 천안이란 수의 개념만으로 생각해보면 최고의 능력자였다. 천 개의 손과 눈을 가진 이 보살의 '빽'을 믿고 30명에

달하는 살붙이들뿐만 아니라 동네 사람들의 딱한 사정까지 떠맡아 기도를 올렸다. 백혈병을 앓고 있는 아무개네 집 큰딸은 시집도 안간 처녀이니 천수로 어루만져 주십사 빌고, 3년 전에 자암골로 들어와 빈집을 수리하고 남의 농토를 얻어 부치고 있는 규호네, 밥술이라도 제대로 먹게 해 달라고 부탁하셨다. 다소곳이 보리수 염주를 들고 앉아 기도하시던 동그스름한 얼굴이며, 인자한 입매와 자그마한 몸가짐이 영락없이 감실부처님이시다. 경주 남산 불곡 바위 안에 계시는 할머니 부처님이 친정집 안방으로 오시어 천수 천안 보살과 두런두런 기막힌 인간사를 주고받으셨다.

그러던 노보살님이 이제는 해 저문 삶의 끝자락에 누워, 오래 사는 것도 업력의 부림을 당하는 일이라며 귀거래사만 읊으신다. 어서 돌아가게 해달라고, 그만 자식들 짐 덜어줘야 한다고, 성화를 부리는 어머니의 목소리가 자박자박 겨울비 소리로 들려온다.

1997년 가을

방하착

연일 영하의 추위가 계속되고 있다. 저수지 쪽에서 치달아 온 강풍이 종일토록 뒷벽에 매달아 놓은 시래기를 들볶고 털복숭이 갈대도 줄거리만 앙크럽게 남아 있다. 그 야위어 가는 모습에서 자식낳이를 끝낸 여인의 빈 자궁과 늘어져 매달린 젖가슴을 연상한다.

시간의 흐름은 단 일 초도 멈추지 않는다. 한결같은 속도의 흐름에 따라 오고가는 생명의 본연이란 어찌 그리도 속절없는지 모르겠다. 나이 들어가면서 내가 한없이 왜소해지고 무색해지는 까닭도 첨단의 과학으로도 어찌 해 볼 수 없는 시간이란 힘 때문이다. 그 어기찬 떠밀림 때문이다.

오늘은 한낮의 볕과 칼칼한 바람을 쐬고 싶어 모자를 귀밑까지 눌러쓰고 들길로 나섰다. 흙에 떨어진 씨앗이란 씨앗을 죄다 품어 기르던 노역의 시간을 내려놓고 흰 눈을 덮고 누운 대지에서, 논바닥에 가려 놓은 볏짚가리에서 '방하착放下着'을 본다. 버리고 내려놓음으로 안식에 든 대지에 발을 딛고 섰으면 생명 있는 것들의 덧없는 종말도 당연한 섭리요, 고요한 잠임을 깨닫는다.

안식의 땅, 겨울 들녘을 거닐면서 가끔은 내 생애에서 푸르던 날들을 떠올려 보곤 한다. 세상의 고민을 혼자서 모다 껴안은 듯 비루먹은 당나귀 꼴로 눈 덮인 산야를 헤매던 시절은 아마도 내 생의 알짬자리였으리라. 나의 삶은 어디서부터 시작되었고, 지금 나는 무엇 위해 살고 있는가에 대해 끊임없는 질문으로 스스로를 닦달했었다.

철도 들지 못했으면서 존재의 근원과 이유에 대하여 스스로를 닦달하던 그 알짬자리는 이리하여 늘 습습했었다. 막차에서 내려, 고개를 넘어 집으로 돌아와서도 도시의 뒷골목을 누비며 '찹쌀떡 사려'를 외치고 다니는 깡마른 소년의 추위까지도 내 몸으로 파고들었다. 그것이 인간살이와 삶의 본질에 대한 첫 번째 눈뜨기였음을 후일에서야 깨달았다.

그러나 여자에게 있어 결혼이란 현실 밖에서 서성이며 '나의 삶은 어디서부터 시작되었는가?'에 대한 질문으로 시간을 소모시키는 것은 실속 없는 짓이었다. 그따위 형이상학적인 질문보다는 가계부에 저축한 금액이 얼마나 더 불어나고 있는가에 골똘해야만 자본의 원칙에 접근할 수 있었다. 간혹 허기처럼 그 시절의 여운이 그리웠지만 곧 머릿속에서 지워버리곤 했다. 경제적 안정을 획득하기 위해서, 내 새끼들을 배불리 먹이고 다른 애들에게 뒤떨어지지 않게 공부시키는 것만이 '최선'으로 여겼었다. 그 '최선'이란 희망에 매달려 안간힘을 쏟는 동안 어느새 내 인생은 아주 멀리까지 와 있었다.

산으로 들어와 들녘과 산으로 자주 걸음을 놓는 것도 '여기가 어딘가?'에 대한 위치판단을 바로 하기 위해서이다. 이순耳順을 넘기고서도 '떠남'의 준비가 전무한 때문이다. 짐승들은 죽을 때가 가까워지면 제 집과 무리에서 멀리 떠나간다고 동물학자들은 말한다. 저 홀로 죽을 곳을 찾아가 마침내 숨을 거두면 풍장으로 흔적을 지운다.

짐승들도 이러할진대 만물의 영장이란 인간이 아무런 준비도 없이 부지불식간에 죽음을 맞아 허영허영 저승으로 걸어갈 것을 생각하면 슬프고도 두렵다. 때문에 겨울 들녘을 거닐면서 짐 내려놓는 법을 배우는 것이다. 더러는 나뭇가지나 풀잎에 고치를 튼 쐐기나방이나 이름 모를 곤충들의 고요한 칩거를 보면서 죽음이란 새로운 변신을 위해 나를 내려놓지 않으면 내 혼의 승천이 가벼울 수 없을 것 같아서다. 이미 생의 가장자리에는 종말의 그늘이 짙어가고 있는 것을.

들머리 초입에 있는 저수지도 철새들을 돌려보내고 얼음장을 뒤집어쓰기 시작했다. 바람과 맞서 결곡한 성깔을 부리던 오기를 접기로 한 모양이다. 산도 물속에서 제 그림자를 건져 올리고, 나무들도 탄소동화작용을 멈춘 '방하착', 그 발치로 내려가 겨울 햇살의 속삭임을 듣다가 돌아와 아궁이에 재를 치고 군불을 지핀다. 이 사소한 일상이 내게는 문 없는 문을 향해 가는 수행의 길이다.

2005년 12월

찰밥과 깻잎장아찌

음식에도 향수가 있다. 어린 시절에 먹었던 어머니 손맛이 바로 향수의 진원인데 이 맛에 대한 향수는 잠시 이는 거품 같거나 일종의 에두름이 아니다. 오래 곰삭은 밑반찬처럼 의식의 저장고에 깊이 내재되어 있다가 어떤 계기를 만나면 불현듯 그 맛깔스러운 맛이 그리워지곤 하는 것이다. 가령 몸살을 심하게 앓고 난 끝이거나 수술 후에 도무지 식욕이 당기지 않을 때면 어머니의 손맛으로 구미가 쏠리는 것은 어쩌면 당연한 이치일지도 모른다. 아무도 흉내 낼 수 없는, 어머니만이 만들었던 음식이었기에 꼭 그 음식을 먹어야만 입맛이 살아날 것 같은 헛헛증을 누구나 한 두 번은 경험해 보았을 것이다.

그러나 신체의 변화에 따라서만 이런 충동이 일어나는 것은 아니다. 계절과 날씨도 한몫을 거든다. 일테면 봄비가 부슬 부슬 내리는 날엔 움파와 느타리버섯과 묵은 김치줄기를 양념에 재웠다가 꼬치에 끼워 구운 움파전이 그리워질 것이다. 또는 눈이라도 퍼부을 듯 침울한 잿빛 풍경 속으로 가로등이 하나 둘 켜질 무렵, 어느 집 부엌에서 그릇 부딪치며 설거지하는 소리라도 들려오면 시장기와 함께 어머니가 뚝배기에 끓여주던 구수한 청국장이라던가, 꿩의 살을 다져 넣고 만든 만둣국이 그리워질 것이다. 옛날에 먹어보았던 그 맛을 알고 있기 때문이다. 수필가 김원 선생이 '안동칼국시' 맛을 찾아 압구정동이나 송파구 옛구청 뒷골목으로 발품을 파는 이유도 바로 그런 손맛이 그리워서요. 남편이 오뉴월 염천이면 붉은 고추 갈아 넣고, 다진 마늘, 생강, 밀가루 풀 쑤어 버무린 열무김치의 상큼한 맛이 혀에 감치는 것 같아 군침이 목젖을 타고 꼴깍 넘어가는 것도 그 음식이 지닌 고유한 맛을 잊지 못해서다.

내가 만드는 음식 중에서 가장 내세울 만한 것을 꼽으라면 들깻잎장아찌다. 이건 친정어머니의 주특기이기도 한 것인데 내가 입맛을 잃어 음식 보기를 병든 강아지 제 밥그릇 외면하듯 할라치면 어머니는 찰밥을 지으셨다. 어머니가 만드는 찰밥은 붉은 팥만 넣고 만들어 맛이 담백하다. 밥물을 잡을 때는 소금과 설탕을 약간 섞는데 그 것은 찹쌀이 지닌 특유의 냄새와 쌉싸름한 맛을 제거하기 위해서다. 그리곤 가을에 담아 놓은 깻잎장아찌와 도톰하게 저민 밤 무침을 곁들여 상을 차려주었다. 찰밥을 듬뿍 뜬 수저에 깻잎 한 장을 척 얹어 먹고, 밤 무침을 씹으면 달콤하고 고소한 맛이 입에 짝 달라붙었다.

어머니께선 찰밥과 약밥을 분명하게 구분하셨다. 흔히 찰밥을 지을 때에 밤, 대추, 은행, 잣 등을 섞지만 어머니는 그렇게 지으면 그건 약밥이라고 우기셨다. 사실 나도 어머니 말씀이 옳다고 여기는 것은 고명을 많이 섞으면 영양가는 만점일지 모르나 찰밥의 담백한 맛을 제대로 느낄 수가 없어서다. 그래서 팥만 넣어 지은 어머니 식의 찰밥을 지금껏 으뜸으로 친다.

그리고 나이가 들면서 그 별식이었던 찰밥과 깻잎장아찌와 밤 무침을 내가 전수하게 되었다. 시어머님이 계시었다면 시어머님 솜씨로 낸 다른 음식을 내리 받았을 터이나 결혼 전에 돌아가신 탓으로 친정어머니의 손맛을 대물림한 셈이다.

들깻잎장아찌는 번거롭도록 손이 많이 가는 음식이지만 그 원료인 깻잎을 따는 과정은 다분히 낭만적이다. 딱히 들깻잎 따는 과정만을 낭만적이라고 주장하는 까닭은 깻잎을 따는 시기가 한가위인 추석명절 직후라는 절기에 따른 분위기 때문이다. 대체로 그 어름이면 초록빛을 띤 식물들은 엽록소가 빠지기 시작한다. 가을볕 융융하게 쏟아지는 들녘이거나 산비둘기 울어대는 외진 산밭에서 엽록소가 빠지는 과정의 노르스름한 깻잎을 한 장씩 따서 차곡차곡 포개어 한 줌 꽉 차면 비닐 끈으로 얌전하게 묶는 일이란 얼마나 서정미 넘치는 풍경인가.

이렇게 다분히 낭만적인 분위기를 즐기면서 따온 깻잎을 끓는 물에 넣고 10분 정도 삶으면 약간 아삭한 맛이 날 정도로

익는다. 적당하게 삶은 깻잎은 흐르는 물에 정갈히 헹구어 탈수해 놓고 양념을 준비한다. 먼저 맹물에 양파와 마른 표고와 다시마를 넣고 삶은 다음에 멸치액젓과 진간장을 적당히 넣어 한소끔 더 끓여 식힌다. 그리곤 다진 마늘과 생강, 쪽파 썬 것과 통깨와 고춧가루를 섞고 꿀로 단맛을 조절한다. 그런 다음에 깻잎을 넉 장씩 떼어 양념을 충분히 발라 저장해 두고 일부는 된장에 박았다가 노랗게 삭으면 양념에 재워 중탕해 먹기도 한다.

다음으로는 밤 무침을 만드는데, 도톰하게 저며 놓은 생율, 채친 대추, 어슷어슷 썬 수삼을 꿀로 버무리고 검은 통깨를 솔솔 뿌려 접시에 담아 놓으면 시각적으로도 입맛을 당기게 한다.

어머니께 내려 받은 깻잎장아찌와 밤 무침과 찰밥이 우리 집 별식으로 자리를 잡은 지도 꽤나 오래되었다. 지난겨울에 들어온 작은 며느리는 이 별식을 맛보고는 아예 '수라간 최고 상구마마님'이란 칭호로 극찬해 주었다. 지금은 손자 녀석까지 '할머니 표 깻잎장아찌'란 브랜드로 인정을 받아 미국으로 들어갈 때에도 한 보따리 챙겨들고 떠났으니 모르긴 해도 녀석은 분명 어른이 되어서도 할머니의 손맛을 그리워하지 않을까 싶다. 하지만 아무리 좋은 음식도 때 아닌 때에 먹지 말 것과, 필요할 때에 알맞게 먹어야 몸에 이롭다는 양생법을 분명하게 일러줄 생각이다.

2006년 5월

캠프에는 불빛이

겨울이 오면 내가 몸담고 있는 문학 캠프에는 불빛이 밝습니다. 낙엽 굴러가는 소리와 마른 숲 사이로 내리는 보랏빛 일몰과, 먼 산정에서부터 들녘에 이르기까지 자욱하게 감싸 안은 눈발만으로도 나의 캠프에는 불빛이 밝을 수밖에 없습니다. 서가에서 백석의 시집을 뽑아들고 밤늦도록 책장을 넘기는 것, 가끔 시인을 따라 북방의 겨울 풍경 속으로 들어가는 것도 불빛이 밝은 때문입니다.

백석 시인이 살던 평안도 산골 집은 대들보도 기둥도 문살도 자작나무로 되어 있다고 시인은 말합니다. 밤이면 여우가 캥캥 우는 산도 자작나무뿐이었다는군요. 자작나무만 있는 산골에 눈이 푹푹 쌓이면 시인은 사랑하는 나타샤와 흰 당나귀를 타고 마가리로 가고 싶어 했습니다. 시인이 깊은 산골로 들어가는 것은 세상한테 지는 것이 아니고 세상 같은 건 더러워서 버리는 것이었답니다. 나는 시인처럼 세상이 더러워 버리고 온 것도 아닌데, 낙엽송이 빼곡하게 들어선 뒷산에서 밤이면 부엉이가 울어 대고, 어린 짐승들이 먹이를 찾아 내려왔다가 눈 위에 꽃잎 같은 발자국만 남기고 가는 것이 무한정 좋습니다. 서럽도록 좋습니다. 나무와 나무끼리 어깨동무하고 같은 뜻으로 모여 선 것도 눈물 나게 좋습니다. 그래서 나의 문학 캠프에는 불이 밝은 것입니다. 제가 글을 잘 써서서가 아니라 이런 것들이 모여 불을 밝혀 주기 때문입니다.

산 밖에선 한해가 저문다고 친구들끼리 술자리를 마련하고 술잔을 눈썹 아래까지 들어 건배를 할 것입니다. 한 해 동안 스쳐간 시간들을 아쉬워하면서 술잔에 아쉬움을 풀어 눈이 퀭하도록 술을 퍼 마실 것입니다. 그리곤 '갈지'자로 발을 떼어놓으며 왜 세상이 이 모양 이 꼴로 돌아가느냐고 자조 섞인 푸념을 늘어놓을 것입니다. 아무리 최선을 다했어도 지나고 나면 뼈아픈 회한만 남게 마련이기 때문입니다. 그래 공연히 세상을 탓하며 여운만 남은 시절을 그리워하게 되는 것입니다.

피난처 같이 외진 산마을엔 해만 지면 인적이 끊기지요. 묵은해가 가고 새해가 오는 것과도 무관합니다. 산골 사람들은 시간이 가면 해가 바뀌는 것은 당연한 이치로 여깁니다. 평생동안 인생관이니 삶의 가치관이니 하는 어려운 말 한마디 쓰지 않고도 인간이 지켜야 할 본분과 인간의 도리를 알아서 지킵니다. 이런 사람들에게 만약 니체처럼 임산부를 보고 "저 뱃속에는 죽음이 깃들어 있다."고 말한다면 그 무슨 입방정을 떨어대느냐고 몽둥이찜질을 당하기 십중팔구일 것입니다.

여기선 사람이 태어나고 자라고, 그리고 가고 오는 것 모두가 자연의 섭리로 칩니다. 섭리에 대한 믿음은 종교를 뛰어넘지요. 봄이 와 산나물을 뜯을 때에도 절대로 나무의 상순을 꺾지 않습니다. 상순을 치는 일은 자식의 앞길을 막는 것으로 여겨왔기 때문입니다. 가차 없이 상순을 치고, 몸에 좋다는 목초라면 뿌리까지 캐 가는 짓은 얼굴에 철판을 깐 사람들이나 하는 행위입니다. 자연의 섭리를 무시하고 돌아오는 봄도 기약하지 않고 온 산을 들쑤시고 돌아다니는 이들을 볼 적마다 찬물내기 수렛골 노인들은 혀를 끌끌 차며 이렇게 말하지요.

"불쌍한 종자들 또 왔고만! 을매나 살겠다고 저 짓거리를 하는가."

나무의 상순에서도 자식의 앞길을 믿는 이들에게서 아메리칸 인디언들의 사고와 삶의 방식을 봅니다. "필요한 만큼만 갖는 것, 그것이 자연의 이치"라니 얼마나 근사합니까.

때문에 자연의 이치에 여타의 의구심도 품지 않는 이들에게 어줍은 지식의 잣대로 사물을 판단하려고 하면 오히려 꼴불견이 되고 맙니다. 아무리 열심히 일하고 성실하게 살아도 가난을 면치 못한다거나, 몹쓸 병에 걸려도 그건 제가 타고난 팔자소관으로 돌려버립니다. 팔자소관이라는 말에는 타고난 분복

分福이란 말과도 상통하지요. 인간의 힘으로는 어찌해 볼 수 없는 분복, 그 불가항력 앞에 지고 온 삶을 조용히 내려놓습니다. 운명에 순응하고 가장 낮은 자리로 내려오면 되우 속내가 편안해지니까요. 그 편안함이 때로는 더 멀리 뛰기 위한 호흡 고르기일 수도 있고, 다음 장면을 위한 암전暗轉의 시간이 될 수도 있습니다. 이런 사람들에게 죽음 따위를 논한다는 것, 니체처럼 임산부의 '뱃속에 죽음이 깃들어 있다'는 입방정은 지식인들의 오만에 불과할 따름입니다.

어느덧 삼경이 가깝습니다. 밤이 귓속말로 일박하기를 청합니다. 별과 백석과 나타샤와 흰 당나귀까지 몰려와 불빛 밝은 캠프에서 일박을 청합니다. 아무래도 이런 밤에는 베토벤의 합창 교향곡 9번을 틀어 놓아야 어울릴 것 같군요. 칼빔이 지휘한 "환희의 송가"를 실내에 있는 불이란 불을 죄다 켜 놓고 들어야겠습니다.

2006년 5월

내가 하나의 풍경이 될 때

지금은 봄이다. 대지는 신생하는 것들의 기운으로 부풀어 오르기 시작했다. 이럴 땐 강가로 나가는 것이 좋다. 이랑져 흐르는 물결 위로 굴절하는 빛의 눈부심, 볼에 와 닿는 상큼한 바람결이 그럴 수 없이 좋다.

강변에 깔린 마른 갈대들의 음률도 들을만하다. 그 어떤 악기가 겨우내 살을 깎아내고 육탈한 뼈들끼리 서로를 껴안고 부르는 조곡弔哭을 연주 할 수 있을 건가. 강물이 뒤척이는 에로틱한 신음까지를.

청둥오리와 도요새들이 끼리끼리 모여 부리로 제 깃을 다듬는다. 더러는 머리를 날개 죽지에 파묻고 조는 놈도 있다. 이제 저 새들은 곧 남한강을 떠날 것이다.

나는 깍지 낀 손으로 무릎을 감싸고 눈을 감는다. 그러면 강변의 풍경 속으로 들어가 있는 내가 보인다. 자신을 자연 속에 밀어 넣고 바라보고 있으면 나의 진정한 본체本體를 확인할 수 있다. 이래서 인디언들은 아이들을 키우면서 자주 평원이나 산림 속으로 들어가 홀로의 시간을 갖도록 배려했던 모양이다. 최소한의 먹을 것을 가지고 열흘 이상씩 무리에서 떨어져 자신의 목소리에 귀를 기울이게 했다는 그들만의 성인의식이 현대인들을 부끄럽게 한다. 명상을 통해 "나는 왜 너가 아니고 나인가"를 확연히 깨닫게 했던 것은 그 깨달음이 인간이 살아가는데 가장 필요한 정체 찾기와 중심잡기였던 것이다. 가끔 그들이 남긴 말에 밑줄을 긋고 몇 번씩 다시 읽는다.

"홀로 자기 자신과 만나는 시간을 오랫동안 갖지 못한 사람은 그 영혼이 중심을 잃고 헤매게 된다."

나 역시 그들처럼 자연으로의 잠행을 통해 삶의 중심잡기에 들어간다. 자연의 품에 안겨 자신을 바라보면 실재의 상황과 현재의 모습이 바로 보이기 때문이다. 빛 가운데서 빛을 보기보다는 그늘에서 햇빛을 보아야 그 빛이 더 돋보이는 것과 같은 이치일 것이다. 홀로 바라본 나의 자화상은 밤기차를 타고 먼 여정에서 돌아오는 모습과 다름없다. 먼지 낀 차창에 어린 자기 모습을 보고 비애와 회한을 느끼지 않을 사람 어디 있을까.

하나 이러한 모습은 도처에서 사는 숱한 사람들의 또 다른 모습이기도 하다. 어제와 오늘을 판 박아 놓은 것과도 같은 일상의 반복이란 얼마나 권태로운가. 그러함에도 어느 날 문득 지나간 날들을 돌이켜 보면, 다람쥐 쳇바퀴 돌리듯이 살아온 나날들마저 한없이 빠르게 지나갔음을 발견하게 된다. 순간 허탈감과 아쉬움이 뼈에 사무친다. 권태로운 일상일망정 그것이 삶의 근간을 이루는 절실한 것들이었음을 자각하는 것이다. 비로소 도요새가 제 부리로 제 깃을 다듬듯이 자신의 부리로 버려야 할 것과 포기해야 할 것을 쪼아내고 회한으로 얼룩진 깃을 다듬는다. 그러고 나면 삶의 무게가 한결 가벼워진다.

지금 나는 노년의 중간지점에 와 있다. 수렛골이란 외진 산촌에 터를 잡고서야 비로소 내 부리로 삶의 깃을 다듬으며 각다분하게 살아온 지난날에 대한 뉘우침이 유리파편처럼 가슴에 박히는 아픔을 경험했다. 따라서 문학이 지향하는 바도 삶의 진정성을 구현하는 길임을 깨닫고는 글쓰기가 두려워졌다. 그래 가능한 내 자신에게도 충실하고 내가 표현하는 문장에도 성심을 다하기로 결심을 다지었다.

이런 반면에 사람이 살아가는 일상도 하나의 풍경을 이룰 수 있다는 새로운 사실을 경험하게 되었다. 지극히 사소한 일이지만 이런 경험은 차 한 잔의 휴식보다 훨씬 유익했다.

지난해 겨울이었다. 책상 위에는 마감날짜를 넘긴 원고 청탁서 두 통이 목을 조이는데 코피가 터지도록 독감을 앓았다. 열이 높게 오른 끝에는 번번이 입술이 부르터 애를 먹는다. 그날도 부르튼 입술이 근질거려 밖으로 나왔다. 밖에는 눈이 내리고 있었다. 군불로 지펴 놓은 낙엽송 향이 코끝에 스몄다.

탁탁 소리를 내며 타오른 불길과 연기가 고래 깊숙이 흘러들었다. 고래로 흡입된 연기는 굴뚝을 타고 위로 솟구쳤다가는 스멀스멀 아래로 내려와 산허리를 감았다. 산허리를 감고 흩어지는 연무烟霧속에 그가 서 있었다. 백발이 성성한 그는 뒷짐을 지고 산 밑에서 눈발이 흩날리는 허공을 응시하고 있었던 것이다. 그 망연함을 차라리 무위한 자연無爲自然의 한 풍경이었다.

나도 그 풍경 속으로 들어가고 싶었다. 들어가선 연인처럼 뒤에서 그를 껴안고 등에 얼굴을 묻고 싶었다. 그러나 그냥 바라보기만 했다. 오랜 세월을 애증으로 토닥거리며 함께 늙어온 여정이 눈물겨웠다. 너무도 눈물겨워 장독대 앞에서 그가 돌아설 때까지 한발자국도 움직이지 못하고 나 또한 자연한 풍경 속의 인물로 서 있었던 것이다.

그날 이후로 사람도 하나의 풍경을 이룰 수 있다는 사실을 알게 되었다. 가능한 자연을 배경으로 하되 홀로 있는 그림일수록 더 좋았다. 두뇌의 잣대로 물리적인 현상을 판단하는 것보다 가슴으로 느끼는 아름다운 것들과 만나고 싶었고, 그 무위한 아름다움들이 거친 내 삶을 매만져 주었다.

봄이 오고 있다. 이미 남녘에선 매화가 피었다는 꽃소식이 들려온다. 이곳 남한강 가에도 육탈한 뼈들이 서로를 껴안고 부르는 마른 갈대들의 조곡을 제치고 새싹들이 여릿여릿 머리를 내밀고 있다. 이럴 때에는 나도 불모의 돌바닥에 물이 되어 고이고 싶다. 고통과 쓰라림으로 눈시울이 붉어진 누군가의 얼굴과, 푸른 하늘이 내려와 잠길 수 있는 샘으로 고이고 싶다. 하지만 이건 잠깐 동안 삶의 깃을 접고 생각해 본 꿈에 불과할 따름이다.

다시 눈을 감는다. 생성과 소멸이 한 발짝만큼의 거리에서 교차하는 봄날에 내 삶의 결여를 나는 신생하는 풀들의 기운을 한 호흡의 들숨으로 채운다. 조금은 쓸쓸하지만, 자연과의 합일을 통한 이러한 풍경은 내 삶의 그림자를 상영하는 작은 스크린이나 다름없다.

2007년 초봄

오빠와 하모니카

가끔씩 저녁 시간을 택하여 아파트 옥상으로 올라간다. 높은 곳에서 내려다보는 풍경이나, 방개모양의 자동차들이 방방 꼬리를 물고 가는 행렬보다 산당화 꽃빛으로 물들어 가는 노을이 좋아서다.

13층 옥상에서 원경으로 들어오는 부모산 능선이 곱디고운 꽃빛으로 물들면 아슴아슴 어린시절이 다가오기도 하고, 어머니의 생모시 적삼에서 묻어나던 햇감자의 배틀한 맛이 혀끝에 서리는 듯싶다. 그러나 이런 것보다 더 간절한 것은, 어둠살이 짙어가는 대청마루 기둥에 기대서서 작은오빠가 부르던 하모니카 소리다.

오빠는 저녁을 먹고나면 하모니카로 노래를 몇 곡 불러야만 책상 앞으로 돌아갔다. 그렇게 책상 앞에 앉기 전, 하모니카로

책 씻김을 하는 것은 어쩌면 오빠만이 치르는 엄숙한 의식이었는지 모른다. 하모니카를 부는 오빠의 모습은 그만큼 진지하게 비쳤기 때문이다.

먼저 입가심으로 구슬프기 짝이 없는 〈고향생각〉을 불렀다. 다음으로 〈그집 앞〉 〈비목〉 〈보리수〉 등으로 이어지는 아름다운 곡들을 한 뼘밖에 안되는 관악기로 연주할 수 있다는 것이 내게는 참으로 신기한 일이었다.

하모니카 소리는 멀리서 들어야 제격이다. 경칩 지나 우수 무렵, 비안개가 자욱이 내리거나, 달무리 어슴프레 지는 밤, 바람에 실려가는 하모니카의 연주는 댕기머리 마을처녀들 달떠 놓기 십상이었다. 칙깔맞기로 소문난 달여울댁도 몇 번이나 샘가에 나와 옷고름을 적시고 들어갔다는 말을 전해 들었다.

작은오빠의 실력은 이래저래 근동까지 소문이 자자했다. 오월 단오 날 저녁에는 으레 오리나무숲이 아니면 느티나무 아래로 젊은이들이 모였다. 그럴 때면 오빠는 앞으로 나가 하모니카를 뒷주머니에서 꺼내 -후후- 음을 조율하고 눈을 감았다. 이어 파르르 떨리는 음색으로 〈그네〉를 연주하면 누군가가 나지막이 가사를 따라 불렀다.

"세모시 옥색치마 금박물린 저 댕기가 창공을 차고나가 구름 속에 나부낀다"

밤이 깊어 갈수록 관악기의 연주는 감성의 물결에 잔향을 일으켰다. 〈내 마음〉 〈봉선화〉 〈청포도 사랑〉으로 침이 마르고, 한켠에선 "그네 디딤이요 ―" 양팔로 한껏 줄을 벌리고 무릎을 굽혀 구를 때마다 몸이 공중으로 날아올랐다. 그렇게 솟구쳐 오른 몸이 뒤집어질 듯 아슬아슬하게 묘기를 부리는 쪽은 으레껏 청년들이다. 시샘 많은 처녀들 몇이 맞서볼 양으로 쌍그네를 타보건만, 힘 좋고 담세고 날렵한 남자들을 따라잡기란 어림 반 푼이었다.

1등 상품은 양은다라였다. 그것을 총각들에게 넘겨주고 처녀들은 숯을 넣어 쓰는 무쇠다리미를 상품으로 안고 물러났지만, 그깟 상품 따위는 문제도 아니었다. 단오 날만은 평소 심지를 돋우고 감시하던 어른들의 눈총에서 벗어나 젊은 남녀가 어울려 그네 줄을 잡고 눈맞춤이라도 할 수 있다는 것으로 그 밤은 더없이 즐거웠을 것이다. 게다가 벼포기가 땅내를 맡아 남실거리는 논배미에선 개구리들의 합창이 요란했다. 코사코 합창단이 부르는 '볼프강의 뱃노래'에 버금갈 정도였다. 개구리 소리와 하모니카의 연주가 처녀들 갑사 치마폭에 매달리던 밤, 두근거리는 가슴으로 그네 줄을 잡고 눈맞춤 하던 그 시절도 덧없이 흘러갔다. 가고 오는 세월 잡을 수도 막을 수도 없어 지금은 그네들뿐만 아니라 작은 오빠의 생일상머리에는 사 남매의 몸에서 불어난 자손들이 줄을 지어 앉는다. 케이크를 자르고 생일축하 노래를 불러주는 재미에 홀려 나이테가 얼숭덜숭 감기는 줄도 모르고 늙어가고 있다. 오늘은 단발머리 여동생을 자전거에 태워 데리고 다녀주었던 것에 대한 혈육애의 고마움을 오빠에게 헌사하고 싶어 이 글을 썼다. 복숭아 서리에까지 동참 시켜주었던 일들이며, 첫사랑이 화농처럼 번져 굴참나무 숲에서 접동새가 울던 밤, 서툴게 고백한 연서를 꽈고만 내 손에 쥐어주던 시절이 참말로 그립다. 비밀을 발설하면 가만 두지 않겠다고 협박까지 하면서 건너 말 여자 친구네 집으로 등을 떠밀던 오빠의 젊은 날의 초상이 새삼스럽게 연민으로 떠오른다. 오빠가 이 글을 읽고 너 누구 망신시키고 있냐고 펄쩍 뛴다면 나는 왕감자를 한대 먹이고 도망칠 셈이다.

1996년 4월

어느 여름날의 실루엣

7월은, 정수리로 내리꽂히는 태양의 열기만으로도 숨이 막히는 듯 싶다. 때문에 젊은이들은 비늘을 번쩍이며 물살을 역류하는 잉어 떼처럼 삶의 물살을 거슬러 오르고 싶어 한다. 매미들조차 변막을 한껏 열어 놓고 귀가 따갑도록 울어 쌌는데, 혈기 방자한 이들이 어찌 한 번쯤은 역류를 감행하고 싶은 심장의 약동을 느끼지 않을 수 있겠는가.

그러나 실연의 아픔을 겪고 있거나, 삶의 궤도에서 밀려난 사람들에게 여름은 힘겨운 버팀의 계절이다. 생에 대한 의욕은 상실의 바닥으로 떨어지고, 자괴감과 소외감으로 점점 성마르고 탈진해 늘어질 때, 피부에 달라붙는 후덥지근한 습기는 짜증스러움 자체다. 이런 날, 느닷없이 퍼붓는 소나기는 장쾌한 카타르시스가 아닐 수 없다. 빌딩 사이로 검은 구름이 돌격

대처럼 달려오고, 번개가 번쩍 푸른 섬광을 긋는다. 천둥과 함께 장대로 쏟아지는 빗줄기가 아스팔트 위로 뽀얀 물보라를 일으킨다. 길을 가던 사람들이 허둥거리며 건물 추녀 밑으로 뛰어들고, 거리의 행상들은 물건을 수습할 기회조차 주지 않아 상품이 노박이로 젖는다. 슬로우로 돌아가던 화면에 속도가 붙으면서 시원함과 청량한 기운이 일시에 살아난다.

그 어느 해 여름날 오후 다섯 시경에도 그랬다. 대전이란 도시 복판으로 소나기가 한바탕 물벼락으로 내리퍼붓고는 물러났다. 흩어지는 구름 사이로 간간히 후렴처럼 빗방울이 떨어졌지만, 건물로 들어가 비를 피하던 사람들은 다시 거리로 나섰다. 문방구 추녀 밑에서 비 그치기를 기다리던 스물세 살된 아가씨도 대전역을 향해 인파 속으로 끼어들었다. 얇은 블라우스에 실비가 떨어졌으나 개의치 않았다.

그 때였다. 누군가 부르는 것 같았고, 곧바로 그녀의 작은 어깨 위로 손길이 닿았다. 흠칫 목을 움츠리며 뒤를 돌아다보았다. 낯선 청년이 얼른 손을 떼면서 몹시 당황스러워했다.

"뒤 – 뒷모습이 너무 닮아서요."

그는 돌아섰으나 청년의 시선이 등을 향해 따라오고 있음을 느낄 수 있었다. 옆 골목으로 꺾어지는 모퉁이에 이르러 뒤를 돌아다보았다. 눈썹이 짙고 키가 꺽다리였던 그 청년은 그 자리에 그대로 서 있었다.

그녀는 사랑이란 것을 알지 못했다. 사랑이 지독한 아픔이란 것을 알지 못했고, 한번 사랑이란 덫에 걸리면 자신의 의지로도 어찌 해 볼 수 없는, 무작정 이끌려 들어가는 블랙홀이란 것을 알지 못했다. 사랑이란 슬픔과 기쁨으로 뒤섞어 놓은 기록이라는 것을 몰랐고, 보고 싶은 간절한 열망에 대해서도 무지했다. 그런데도 소나기가 퍼붓고 간 질펀한 거리에 서 있는 한 청년에게서 그 어떤 간절함 같은 것을 느낄 수 있었다. 짧은 순간이었지만, 황망하게 흔들리는 커다란 눈동자에서 꼭 7월만큼 미성숙한 사랑을, 그 미성숙함으로 잇닿을 수 없는 까닭을, 가슴 깊은 곳에 고여 있는 글썽임을 어렴풋하게 느낄 수 있었다.

그 날, 그녀는 목적지인 대전역으로 가지 못했고, 음악 감상실인 르네상스로도 들어가지 못하였다. 모퉁이로 꺾어들었던 것은 꺽다리의 시선에서 빨리 벗어나고 싶어서였고, 뒷골목으로 에돌아 걸으면서 내내 자신의 뒷모습을 닮은 여자에게로만 신경이 쏠렸다. 당장 어디로 들어가 두 개의 거울을 놓고 자신의 뒤태를 보고 싶었다. 하지만 거리의 상점 윈도우 속에는 몸집이 가냘프고 생머리가 어깨선까지 찰랑거리는 자신의 옆모습만 들어있을 뿐이었다.

그는 음악사 앞에서 걸음을 멈추었다. 음악사 스피커에선 대전 블루스가 해초처럼 흐느적거리고 있었다. 청년이 찾는 그 여자도 몸무게 41kg 체구로 사는 것이 두렵고 막막해서 자주 속울음을 삼키며 밥을 먹을까. 그 여자도 결핵이란 봉인된

비밀문서에 갇혀 3년 동안이나 산사의 뒷방에서 은거하다가 고향도 아닌 둘째 오빠네 집에서 무위도식으로 시간을 죽이며 지내본 적이 있을까. 사흘거리로 대전역을 향해 집을 나서 보았을까. 번번이 어디로 가야할지 행선지를 정하지 못해 기차표를 끊지도 못하고, 개찰구를 총총히 빠져나가는 사람들을 부러워하며, 홈으로부터 멀어지는 기적소리를 쫓다가 집으로 돌아와 서둘러 방문을 안으로 걸어 잠그는 절망감을 경험해 보았을까. 그 여자도 음악 감상실에서 슈베르트의 〈겨울 나그네〉, 아니면 바흐의 〈G선상의 아리아〉를 신청해 놓고 정상적인 궤도에서 밀려난 단절이 서러워서, 다시 산으로 들어가고 싶은 충동을 어쩌지 못해 달팽이처럼 동그랗게 몸을 움츠리고 자신의 운명을 향해 돌팔매질을 해보았을까.

세월은 무심히 흘러갔다. 무심하게 흐르는 세월을 따라 나도 생의 회랑을 예순일곱 번이나 돌아왔다. 흙으로, 바람으로, 물로 흩어지기 전에 차분하게 자신을 응시하면서 앨범이며 옷가지 같은 짐들을 정리해야 할 언저리에 이르렀다. 하지만 가끔씩 막연하게 길을 나서보는 심사로 지나간 시간의 채널에 주파수를 맞추어 보곤 한다. 그러면 오래된 라디오에서 흘러나오는 모노 사운드처럼 영혼의 지층을 흔들어 놓는 클래식한 순간들이 떠오르는가 하면, 기억하는 순간부터 깡그리 지워버리고 싶었던 일들도 적잖다.

오늘은 졸연히 내 작은 어깨에 손을 얹었다가 황망하게 물러나던 그 청년이 주파수에 떴다. 그도 "사랑이란 언어가 입속에 든 가장 뜨거운 촛불"이었다는 것을 진즉에 알았을 것이고, 삶의 우여곡절을 수도 없어 넘나들었을 것이다.

소나기가 기다려진다. 아니 영혼을 깨우는 소리를, 무디어진 촉수를 되살리는 소리를, 먼 곳에서 빛나는 여린 불빛처럼 아련한 그리움을, 땅바닥에서 촘촘히 피어나는 동그란 빗방울꽃을 기다리건만, 여름 해는 눈치도 없이 사막에서 늙은 낙타처럼 굼뜬 걸음으로 하늘 길을 가고 있을 뿐이다.

2010년 6월

가을의 안부安否

사람이 철이 든다는 것은 가뭄과 장마를 걱정할 줄 아는 것이라고 했다. 나와 상관없는 일도 자신의 일처럼 여긴다는 것은 결코 쉬운 일이 아니다. 나 역시 생활의 근거를 흙에 두고서야 가뭄과 장마를 걱정하는 사람이 되었고 기상 캐스터가 알려주는 오늘의 날씨에 귀를 기울이게 되었다. 내일도 고기압권에 든 충청지역은 맑은 날씨가 지속될 것이라는 캐스터의 낭랑한 목소리를 듣고서야 리모콘의 전원버튼을 눌렀다. 아직은 가을 햇살이 더 쟁쟁해야만 장마와 가뭄에 시달린 늦둥이 서리태와 녹두꼬투리가 탱탱하게 속을 채울 것이다.

일기예보가 끝나면 밖으로 나와 바람을 쐬거나 별자리를 보면서 계절이 지나가는 소리를 듣는다. 서쪽 능선 위로 기운 은하수가 우리 집 마당 복판에서 점점 멀어지고 있다. 칠석 때까지도 고개를 젖히면 바로 입술과 맞닿았던 별무리가 어느 결에 서편으로 돌아앉더니, 중심부에 엷게 걸쳐 있던 성운은 전혀 보이지도 않는다.

밤하늘을 올려다 볼 적마다 내가 살고 있는 지구가 수많은 은하계에 속해 있다는 것이 도무지 믿어지지 않는다. 그보다도 이렇게 큰 땅덩이와 저 큰 바다가 우주라는 광활한 공간에 떠 있다는 것은, 어린 시절부터 내내 품어 온 나의 궁금증이다. 다른 은하계에서도 나 같은 인간이 지구라는 행성을 바라보고 별과의 아득한 거리에 대하여, 천체의 불가사의에 대하여 고개를 갸웃거릴까?

집 앞의 과수원을 한 바퀴 돌아볼 요량으로 섬돌 밑으로 내려섰다. 풀 섶에 내린 이슬이 발목을 적시고, 인기척에 놀란 귀뚜라미 떼가 울음을 멈추는가 싶더니 이내 뒤통수에 대고 다시 퍼붓는다. 지금 우린 이렇게 울어야만 된다고, 이렇게 울 수 있는 절정의 기회란 일생에 단 한번 뿐이라고 온 밤을 땅이 꺼져라 울어댄다. 새벽이 올 때까지 녀석들은 목이 터져라 울어댈 것이다.

사과나무 밭을 돌아 영숙이네 논 앞에서 걸음을 멈추었다. 지난여름의 장마는 지루했었다. 아니 악몽 같았다고 해야 옳을 성 싶다. 수입쌀에 밀려 쌀값이 바닥으로 곤두박질치자 올해엔 너도 나도 논에다 고추가 아니면 콩을 심었다. 천수답이니 논을 밭으로 삼아도 크게 문제 될 것은 없으나 워낙 장마가 오래 지속되다 보니 논은 논으로서의 속성을 드러내고 말았다. 우선 흙이 찰져 물 빠짐이 쉽지 않아 한창 발육기에 들어선 콩이 고스란히 물에 잠겨버렸다. 불가피 다시 골을 깊게 파주었으나 소용없었다. 태풍까지 겹쳐 안팎 곱사동이로 만들어 놓고서야 비는 그쳤다.

장마 끝에 뒤따르는 폭염은 땅을 달구기 시작했다. 물과 불이 능청스럽게 조력하여 인간들을 골탕 먹이기로 작심하지 않고는 그럴 수는 없었다. 땀을 비 오듯 흘리면서 꼬투리 하나 남기지 않고 다 녹아버린 강낭콩과 굴타리먹은 오이 넝쿨을 걷어냈다. 널브러진 고추밭으로 들어가 쓰러진 지주목을 다시 일으키고 줄을 매주어야 했다. 그래도 물을 켠 고추포기들은 선채로 하얗게 말라갔고, 장마와 가뭄을 모르는 쇠비름· 방동산이 · 명아주와 바랭이는 기운차게 밭을 점령했다. 밤이면 입술을 비집고 앓는 소리가 절로 나왔다. 나와 맺어진 모든 관계를 끊고 현실 밖으로 도망치고 싶은 충동이 수시로 일었다. 홀로의 자유에 목이 탔다. 그러나 떠날 수는 없었다. 주인의 손길을 기다리는 것들을 두고 발길을 돌린다는 것은 생명을 방기하는 짓이고, 땅을 배반하는 것 같아서였다. 이번 장마로 부지불식간에 가족을 잃은 사람들을 생각하기로 했다. 어린 남매를 급류에 휩쓸려 보낸 그 부모의 기막힌 심정을 생각하니 마른자리에서 삼시세끼 밥 먹는 것조차 민망했다. 내 손톱 밑의 가시는 아픔도 아닌 것을, 라디오 주파수가 맞지 않아 잠시 동안 스피커에서 일어나던 잡음과도 같았던 일을 두고 도망칠 궁리를 하다니 부끄러웠다. 일본 북해도로 가려던 나의 꿈은 이로써 취소되었다. 그리고 80년대 중반에 겪었던 여름 장마와 가난한 동네, 판자촌의 풍경을 떠올렸다.

청주 무심천 둑 밑의 판자촌은 지대가 길보다 낮았다. 장마가 아닌 소나기만 오지게 쏟아져도 도로의 빗물은 판자촌으로 쏟아져 내리기 일쑤였고, 손바닥만 한 마당은 길에서 내려온 흙탕물을 고스란히 받아 늘 질펀했거나 푸른 이끼가 끼어 있었다. 그런 판자촌에 2주간 연이어 장맛비가 퍼부었다. 마당과 부엌에는 플라스틱 용기들이 둥둥 떠 있었고, 악취에 찌든 이부자리는 손도 댈 수 없었다. 자원봉사로 나간 우리 일행은 급한 대로 오물을 홈싹 뒤집어 쓴 세간들을 중성세제로 씻어 말리고, 악취에 찌든 이불은 회비를 꺾어 캐시미론이불로 바꾸어 주었다. 가재도구라고는 쓸 만한 것 하나 없는 가난이 남루하기 이를 데 없었다. 도막난 전기선을 잇대어 맨 빨래 줄에 넝마나 다름없는 옷가지들을 널면서, 그것도 애벌만 빤 옷가지들을 널면서 나는 자꾸만 목이 메었다. 이것도 사는 것인가 싶었고, 천변 건너편의 아파트단지는 다른 세계로 보였다.

집으로 돌아와 씻고 또 씻어도 그 곳에서 맡았던 물비린내와 수채의 역한 냄새가 코끝에서 떠나질 않았다. 그 후, 판자촌에서의 일들이 꿈으로 재현했고, 더러는 가위에 눌려 식은땀을 흘렸다. 땅값과 주식 값이 널을 뛰던 그 시절의 여름이 나에게는 아물지 못한 상처처럼 두고두고 욱신거렸다.

올 여름 장마와 폭염이 조력하여 괴롭히던 날들도 결국 9월이 오자 어정쩡한 자리가 불편했던가 자리를 내 주었다. 지금은 과일의 단맛이 깊어지는 가을이다. 장마 때 가족을 잃었던 사람들의 슬픔도 어느 정도는 수습되었을 것이고, 흙탕물을 뒤집어썼던 세간들도 제자리에 놓였을 것이다. 아직도 집을 짓지 못하여 조립식 건물을 임시방편으로 삼았어도 저녁이면 밥상을 차리는 소박한 평화는 누릴 수 있을 것이다. 금마타리와 억새가 보기 좋게 피는 이쯤의 계절에 나도 멀리 있어 그리운 사람들에게 안부라도 한 통 적어 보내야겠다.

2006년 가을

강물만 푸르러

토요일 늦은 오후, 나들이삼아 충주시립박물관 야외전시장을 찾아 나섰다. 그곳은 고분이나 사적지에서 주워들인 불상이며, 석탑 · 망주석과 인문석, 부도 등이 곁방살이를 하고 있다. 그래 가끔씩 찾아가 역사니, 조상들의 숨결이니 하는 추상적인 명사를 걷어내고 유물들과 눈을 맞춘다. 그러면 자신들이 태어난 연대와, 박물관 뜰채에서 곁방살이를 하게 된 사연을 수월수월 풀어 놓곤 한다. 한데 오늘은 검버섯이 얼쑹덜쑹 붙어있는 할미 보살까지 말문을 닫고 있었다. 젊은 내외의 다툼이 아무래도 심상찮아 보였던지 나의 문안 따위는 안중에도 들어오지 않는 것 같았다.

주차장에 차를 대고 박물관 뒤뜰에 있는 전시장으로 들어섰을 때였다. 삼십대 중반쯤 되었을 부부가 사람들의 왕래가 빈

번한 야외전시장이란 점도 개의치 않고, 옴니암니 말다툼을 벌이고 있었다.

"나 오 년 동안 생지옥에서 살았어. 더는 너네 식구들하고 살 수 없다고."

"아침 밥 한 번도 살갑게 해 준 적 없으면서 그렇게 말하면 죄 받는다. 툭하면 친정으로 가선 몇 달씩 처박혀 지내고도 그런 말이 나오니?"

우연히 마주친 상황이었지만 민망했다. 황망하게 물러나와 인문석을 모셔놓은 앞뜰로 자리를 옮겼으나, 대여섯 살쯤 되었을 사내아이가 먼저 와 늙은 충복들 사이에서 혼자 술래놀이를 하고 있었다.

나는 불시에 아이의 영역을 침범하게 된 것이 미안해 웃으면서 바른 손을 가볍게 들어보였다. 녀석은 그런 식으로나마 예의를 치르는 게 마음에 들었던지 계면쩍은 웃음을 흘리며 나의 방문을 허락해 주었다.

저녁 무렵이 가까워진 때문인지 점차 관람객들의 발길이 뜸해졌다. 더러 젊은 연인들이 건너편 주차장에 차를 대었으나 그들은 팔짱을 끼거나 손을 잡고 조정경기장 쪽으로 걸어갔다. 그곳에는 야외음악당이 있어 스피커에서 흘러나오는 팝송과 클래식을 들을 수 있는데다 분수대까지 설치해 놓아 연인들의 발길이 잦다. 게다가 곧 저녁놀이 강물에다 울금鬱金*을 풀어

* 울금鬱金 : 심황의 뿌리로 만든 황금색에 가까운 물감.

놓을 시간이 다 되어가고 있었다.

아이가 뜻밖에 함께 놀아주길 바라는 표정으로 다가왔다. 나는 손을 내밀었다. 작고 보드라운 손이 내 손안으로 들어왔다. 이때 갑자기 맞은 편 길 쪽에서 먼지를 뽀얗게 일으키며 회오리바람이 달려왔다. 재빠르게 어린 것을 감싸 안으며 눈을 감고 바람이 지나가기를 기다렸다. 회오리바람이 바닥에 나뒹굴던 나뭇잎까지 휘몰고 지나간 뒤에야 아이가 왜 혼자인가 궁금해졌다. 엄마는 어디에 있냐고 물어보니 녀석은 박물관 뒤로 눈길을 보냈다.

아이 이름은 석이라고 했다. 나는 아빠와 엄마가 벌이는 처신사나운 꼴을 피해 혼자 놀고 있던 아이의 친구가 되어주기로 했다. 가위 바위 보로 이마에 꿀밤 먹이기를 했고, 돌을 몇 개 주워 홀짝 놀이도 했다. 그래도 애를 찾지 않아 손을 잡고 뒤뜰로 돌아가려다 걸음을 멈추었다.

"더 이상 구구한 얘기 나눌 필요 없어. 애는 내가 키울 거야."

"그게 원이라면 너 좋을 대로 해봐. 위자료는 한 푼도 줄 수 없으니깐."

"그건 법이 해결할 일이지."

애 엄마는 매몰차게 자신의 의사를 밝히곤 아이를 불렀다.

"석아 어디에 있니?"

꼬마는 내 눈을 빤히 쳐다보았다. 그 속내를 모르는 바 아니었지만 등을 떠밀었다. 아니 등을 떠 밀 수밖에 없었다. 녀석은 멈칫거리다가 두 번째 부름에는 어쩔 수 없이 엄마에게로 다가갔고, 애 어미는 고맙다는 인사도 없이 독수리가 병아리를 채가듯 가녀린 손목을 잡아채어 주차장으로 내려갔다. 아이는 울상을 짓고 나와 제 아빠가 서 있는 곳으로 고개를 돌리며 엉덩이를 빼었으나, 끝내 빨간 마티스를 타고 시내 쪽으로 사라져 갔다.

아내와 아이가 떠나는 것을 지켜본 애 아비는, 담배에 불을 붙여 입에 물고 박물관 건너편에 있는 조각공원으로 내려갔다. 영락없이 오지게 퍼붓는 소나기를 피하지 못한 산승山僧의 뒷태였다.

나도 자리를 떴다. 술 박물관 이층에 있는 카페로 들어가 강물이 한 눈에 들어오는 창 앞으로 자리를 잡았다. 그러나 몹시 우울했다. 우울한 날의 피날레는 '블루 스카이' 한 잔이 최고라던 일현 선생의 '블루스카이' 예찬론이 생각났다. 잔 밑의 3분의 1은 투명한 보드카이고, 나머지는 하늘빛이고 표면에는 거품이 떠 있어서 하늘과 구름을 동시에 마실 수 있는 술이라 하였다. 실로 유혹적인 부추김이었으나 차를 끌고 온 탓으로 '블루 스카이'는 다음 기회로 미룰 수밖에 없었다. 대신 맛이 깔끔하고 순한 레드와인을 시켰다. 그리곤 내 눈은 또다시 조각공원으로 내려간 애 아빠의 행방을 찾아 주변을 더듬었다.

그는 야외음악당 계단에 앉아 있었다. 배신감과 분노로 심장이 들끓고 있을 터였다. 한때는 사랑한다는 말을 수없이 속삭이며 격렬한 입맞춤을 불세례로 퍼부었을 여자를 지금은 죽이고 싶도록 미워하고 있을 터였다.

문득 유행가 한 소절이 떠올랐다. '님'이란 글자에 점 하나만 찍으면 남이 된다고 했던가. 애틋하도록 그리웠던 '님'에게 한사코 점 하나 찍겠다고 어린 새끼 손목을 잡아끌고 돌아간 어미도, 필경 낭자한 아픔을 눈물로 닦아내고 있을 터였다. 다섯 살 난 아이도 아빠와 엄마가 야속해 잔뜩 부어 있을 터인데, 창 너머 강물은 푸르기만 했다. 하도 푸르러 와인을 단숨에 들이켰다. 그리고는 갈대가 우거진 강변도로를 향해 차에 시동을 걸었다.

2008년 11월 초에

연민

사위어가는 것들은 하나 같이 고독하고 가난해 보인다. 한로가 지나면 숲은 성글어지기 시작하다가 입동이란 절기가 겨울의 문턱을 넘어서면 어느새 산천은 빈 집처럼 을씨년스럽다. 게다가 개울 언저리와 연못 가장자리에 살얼음이 끼면 바람결에 흩날리는 낙엽마저 하나 같이 쓸쓸하고 서럽게 비친다. 여기에 새벽달이라도 뜨면 그 소연蕭然한 정취가 숨결처럼 몸속으로 스며든다. 대지는 아직 푸르스름한 이내에 잠겨 있고 허공은 적막한데, 검푸른 창천에 홀로 걸려 있는 새벽달이라니! 그 무위한 형상만으로 비애의 물결이 출렁이지 않을 수 없다.

인생살이 또한 차고 기울도 사철이 지나가는 것과 다를 바 없다. 봄풀 같은 어린 시절이 있었는가 하면, 팔뚝의 정맥이 불끈 솟도록 의욕이 넘쳐 무모한 도전으로 시행착오를 거듭하던 여름철도 있었다. 수확의 기쁨을 누리던 시절도 있었으련만, 돌이켜 보면 잠 못 이루는 밤들이 더 많았다. 삶이란 현장은 늘 각다분하기 마련이어서 기쁜 날보다 번뇌로 뒤척이는 날이 더 잦아서, 아니 아무리 노력해도 하는 일마다 어긋날 때는 삶이란 한 없이 깊은 오지일 뿐이다. 누구도 동행할 수 없는 오지에서 밤마다 고단한 몸 뒤척이며 궁리에 궁리를 거듭해 보지만 뾰족한 묘안을 찾지 못해 조용히 문을 열고 마당으로 내려섰을 때, 우연인 듯 새벽달과 눈이 마주치게 된다. 그럴 때는 문득 아내가 시집오던 날의 모습이 떠오르기도 했으리라. 곤지 찍고 족두리 쓴 아미 사이로 드러나던 눈썹이 저리 가늘어서 고왔었지 싶어 잠시 주름진 얼굴에 어설픈 웃음이 번지기도 했으리라.

올해 일흔여덟인 허씨는 요즘 외양간에서 붙어살다시피 한다. 소가 곧 새끼를 분만할 때가 가까워졌기 때문이다. 오십 리 밖까지 구제역이 나돌아 내가 아는 40대 중반의 젊은 친구는 150마리나 되는 한우를 살아 있는 채로 땅에 묻어야만 했다. 마취제를 놓아 구덩이를 파고 산채로 끌어다 묻었단 비보를 듣고 몇 번이나 전화를 걸었으나 번번이 벨소리만 되돌아올 뿐이었다. 오죽하면 전화도 받지 않으랴 싶어서 수화기를 내려놓을 적마다 덩달아 맥이 빠지곤 했다. 이런 터에 허씨 노인은 사업하는 아들의 뒷배를 봐 준다고 한우 다섯 마리를 팔아넘기고는 씨받이로 남겨둔 암소 한 마리를 유일한 재산목록으로 기르고 있는 것이다. 그 재산목록이 새끼를 뱄는데 자신의 눈앞에서 산채로 죽임을 당할까 봐 애를 태웠다. 다행이도 첩첩 오지라서 그러했는가 구제역이란 괴질이 우리 동네만은 피해갔다. 임신한 소의 배가 불러질수록 노인은 이냥 대견해서 눈만 뜨면 외양간에서 붙어살다시피 하는 것이다. 한우값이 워낙 오달져 새끼 한 마리만 낳아도 삼백만 원쯤은 앉아서 밥상 받기보다 쉽게 수중에 들어 올 것이므로.

그래도 밤이면 잠을 이루지 못한다. 아내는 황달로 병원에 입원 중이고, 소 다섯 마리를 팔아가고도 아들은 자금이 모자란다고 산전뙈기를 담보로 농협에서 융자까지 받아갔다. 그 놈의 대출금 이자는 밤잠도 자지 않고 늘어만 간다. 그 부채를 어찌 할거나 싶어서 밤이면 도무지 잠을 이룰 수가 없다. 아내의 병원비와 밤낮으로 늘어가는 이자를 생각하면 줄담배를 피우지 않을 수 없다. 줄담배를 피워 물고 새끼 밴 소의 목덜미를 쓰다듬는 팔순 가까운 노인의 마른 어깨 죽지와 마디진 손길이 안쓰럽기 그지없다.

큰 산이 작은 산을 첩첩이 에워싸고 있는 수렛골은 목월선생께서 지은 〈산이 날 에워싸고〉란 시에 들어 있는 무대를 고대로 옮겨 놓은 것과 같다. 시인의 말처럼 짧은 산자락에 집을 들이고, 아들 딸 낳아서 배 주리지 않게 키우려고 억척스럽게 산전을 일구며 살아온 익명의 촌부들 삶이란 어제가 오늘 같고, 오늘이 어제만 같다. 또 세상이 세상 같지 않고, 세월이 세월 같지 않은 세월을 살아내다가 세월이란 보이지 않는 실제

속으로 사라지고 마는 것이다. 평생토록 삶의 피돌기를 자극할 만한 그 무엇 한 가지 없이 '쑥대밭처럼' 거친 노정을 걸어온 사람들의 내력이 아득한 전설처럼 보일 듯 말듯 깃들어 있기도 하다. 한글을 몰라 국민의 주권행사를 한 번도 올바르게 치르지 못한 허씨 같은 이들이 '들찔레처럼' 살다가 노동으로 지친 육신을 내려놓고 떠나는 곳이기도 하다.

오늘도 조촘조촘 땅거미가 잦아들면 허씨는 혼자 전기밥솥에서 밥 한 공기와 시어터진 묵은지와 된장 한 종발 달랑 꺼내놓고 저녁 한 끼를 때울 것이다. 가난한 이들의 삶이란 늘 모자라고 아쉽고 헐겁다. 대저 서발장대 휘둘러도 걸릴 것 한 가지 없으련만 나는 이들의 곤궁함만 생각하면 번번이 목젖이 아프다. 목젖이 아파서 목월 선생님처럼 기계 장터를 찾아가선 조곤조곤 주고받는 촌부들의 대화에 귀를 기울여 보고는 한다.

"누군 왜, 살아 사는가.
그저 살믄 오늘 같은 날
지게목발 받쳐 놓고
어슬어슬한 산비알 바라보며
한잔 술로 소회도 풀잖는가.
그게 다 기막히는기라
다 그게 유정한기라."

— 박목월 〈기계 장날〉 종장

2010년 7월

4부

봄눈
한 컷의 삽화
감을 깎으며
모순과 연민
춘정春情
겨울 강
어리석은 반란
단 한 번의 생을 위하여
새들은 지금
편지

봄눈

아름다운 미술관 '리움(leeum)에 다녀온 지 한 달이 되는 날입니다. 그 날, 잔설을 밟으며 한남동 언덕배기를 걸어가던 기억이 새롭습니다. 당신께서 입장권을 예약해 주지 않았더라면 산골에 사는 저로선 까다로운 절차를 거쳐야만 입장할 수 있는 미술관 관람은 언감생심이었을 것입니다. 모처럼 도자기의 우아함과 불화의 섬세함, 그리고 세계적인 화가들의 그림까지 감상할 수 있었던 것도 좋았지만, 미술관 자체가 하나의 거대한 조형물이었던 점이 더 마음을 끌었습니다. 그림을 보다가 문득 내다본 정원의 은사시원 가지들이 빚어내는 회화적인 구도와, 당신의 따뜻한 시선은 아직도 그리움의 잔영으로 남아 있습니다.

지금 창밖에는 눈이 오고 있습니다. 3월에 내리는 봄눈입니다. 저녁 무렵에 시작한 눈발이 점점 굵어지는가 싶더니 열

시가 지난 지금은 발목이 파묻힐 정도로 쌓입니다. 이쯤에서 그치면 좋으련만, 자욱한 눈발로 보아 쉬이 그칠 것 같지가 않습니다. 지난해에도 3월에 폭설이 퍼부어 곳곳에서 피해가 속출했었지요. 영세한 공장과 비닐하우스와 화훼 단지가 무너지는 통에 수많은 사람들을 빚더미에 올려놓았었기에 걱정이 따르지 않을 수 없습니다. 재해란 언제나 불가해한 우연에서 발생하니까요.

이런 우려와는 달리 눈 내리는 산촌의 밤은 고즈넉하기 짝이 없습니다. 초저녁잠이 많은 그이는 벌써 깊은 잠에 떨어졌는가 코고는 소리가 서재에까지 들려옵니다. 서재에서 그의 코고는 소리를 듣고 있으면 마음이 놓입니다. 건강하다는 증거이기 때문입니다. 그가 탈장수술을 받고 난 후론 잔병치레가 잦았습니다. 기력이 급속히 떨어지자 가장 먼저 나타난 증상이 숨소리였거든요. 곁에서 자다가 깨어나면 죽은 듯 기척이 없어 코끝에 손을 대어보곤 했습니다. 신경의 촉수가 극도로 예민해지는 순간이었지요. 숨소리가 사람의 건강을 측정하는 첫 번때 단계임을 그때 비로소 알았습니다.

눈이 내리는 밤에는 서가에서 오래된 책을 꺼내 읽습니다. 세월에 전 책장을 펼치면 매캐한 종이 내가 나지요. 일종의 곰팡내일 수도 있겠으나 묵은 책을 통해 지나간 세월과의 해후가 그럴 수 없이 편안합니다. 그 청안淸安이 좋아서 눈 오는 밤이거나 추녀를 타고 빗물이 떨어지는 날에는, 오래된 책에 파묻히곤 합니다.

오늘은 박용래의 〈먼 바다〉를 꺼냈습니다. 꼭 20년 전에 산 시집입니다. 처음 이 시집을 사 들고 와 〈월훈月暈〉을 읽고는 더 이상 책장을 넘기지 못했습니다. 잎 진 사잇길 모래 둑 그 너머 강기슭에서도 보이지 않는, 허방다리 드러내야만 보이는 마을의 불빛은 모과빛이라 했습니다. 모과빛 불빛이 새어나오는 외딴집 노인은 "기인 밤 홀로 깨어나서 출출한 나머지 무를 깎기도 하고, 고구마를 깎다가 문득 바람도 없는데 시나브로 짚오라기가 풀리는 소리를 듣다가, 처마깃에 나래 묻은 이름 모를 새들의 온기를 숨죽이고 듣는다"는 구절에 울컥 목이 메였던 것입니다.

여기 수렛골에도 그런 노인이 계십니다. 구불구불 이어진 길 끝에서 만나는 그 집에서 50대 초반에 혼자되어 30년 간을 홀로 살아왔다 합니다. 바자울도 치지 않은. 팔순 노인과 함께 늙어 온 집 샘가에는 사철 스테인리스 요강과 플라스틱 대야만 달랑 놓여 있습니다. 밤이면 간헐적으로 밭은기침을 토하며 이슥토록 혼자 앉아 텔레비전을 보면서 우물우물 고욤을 씹거나, 무를 깎아 깔깔한 입안과 마른 목을 축입니다. 아들딸 모두 키워 외지로 내보내고 조석은 전기밥솥에 맡겼습니다. 어느 날 노인은 저희 내외에게 참으로 어이없는 청을 하고 가셨습니다. 당신네 집 굴뚝에 연기가 나지 않으면 방문 좀 열어봐 달라는 부탁이었습니다.

이 후론 아침이면 으레 목을 빼고 예의 굴뚝을 바라보며 집주인의 서러운 안녕을 확인합니다. 노인의 몸에 배일대로 배인 끔찍하리만치 고독한 일상이 음영처럼 드리워져 있습니다. 평생을 수동적인, 스스로를 자제하는 오랜 습관이 그토록 견고한 고독을 몸에 익히게 하였는지 모르겠습니다. 어쩌면 이 밤에도 노인은 잠이 오지 않아 애꿎은 담배만 피우다가, 눈 내리는 소리에 귀를 모으다가, 삭신이 저리고 아파서 전기장판에 몸을 뉘이고 오지도 않는 잠을 청하고 있을지 모르겠습니다.

바람이 이는가 봅니다. 댓잎에 쌓여 있던 눈무지가 후드득 떨어져 내립니다. 오늘밤에는 봄눈 내리는 소리에 귀를 묻으소서.

2005년 3월 22일 밤

한 컷의 삽화

여름에는 나무가 산을 키우는 장성長成의 계절이라 하던가요. 의기양양하게 키를 높이는 나무들의 짙푸른 야생성이 눈부십니다. 당신께서 보내 주신 시클라멘도 한꺼번에 절정을 이루었습니다. 흰색, 분홍, 선홍으로 어우러진 열아홉 송이의 꽃이 저마다의 자태를 뽐내고 있습니다.

불가에선 가섭 존자가 스승의 손에 들려 있는 꽃 한 송이를 보고 지은 미소로서 이심전심以心傳心의 선근禪根을 세웠다고 전합니다. 일손을 놓고 모처럼 만개한 꽃 앞에서 누리는 한가함이 이월금을 물려받은 것처럼 기분 좋습니다. 꽃이 빚어낸 시정화의詩情畵意 또한 우리들만의 '이심전심'이 아니겠는지요.

실은 이틀 동안 몸살로 된통 앓았습니다. 며칠 전부터 근육과 신경세포가 쉬고 싶다는 교신을 수없이 보내왔으나 아카시

꽃이 필 때여서, 꿀 채취와 마늘종 뽑는 일을 미룰 수가 없었습니다. 그런 일은 시기를 놓치면 돌이킬 수 없기 때문에 안간힘으로 버티다 그예 탈이 나고 말았습니다. 흔히 넘어진 자리에서 쉬어 간다는 말처럼 이참에 사나흘쯤 푹 쉬어 볼 요량입니다. 그동안 제 몸은 주인을 잘못 만난 탓으로 호사를 누려 보지 못했습니다. 잘 가꾸어진 잔디밭과 꽃이 뿜어내는 화려한 빛깔의 부력에 떠 있는 정원과, 언제든 찬거리가 풍성한 채소를 가꾸기 위해 몸을 아끼지 않았습니다. 도시인들은 이러한 실정을 전혀 모를 것입니다. 노동의 대가에 따른 생산의 원칙과, 일하면서 느끼는 소박한 기쁨과, 주인의 발자국 소리를 들으며 자라는 식물들의 영특함에 대해서 말입니다.

흔들의자에 몸을 맡기고 창 밖으로 시선을 돌립니다. 언제부터인가 까치 한 마리가 잔디밭에서 입질을 하고 있었나 봅니다. 필시 지렁이를 사냥하고 있을 까치란 놈은 의심이 많답니다. 인가 근처에 사는 텃새지만 사람이 거처하는 마당까지 날아와 입질을 하기란 드문 일임에도 올 들어선 방문이 잦습니다. 게다가 데크 난간을 저의 집 안방처럼 들고나는 동박새는 비상 직전엔 배설물을 함부로 싸 놓아 걸레질을 자주 하게 만듭니다. 그러나 거실에 앉아서 깃털이 고운 새들이 날아와 고개를 좌우로 돌리거나, 꽁지깃 까불대는 모습을 구경할 수 있다는 사실만으로도 그만한 수고쯤은 당연한 것으로 여깁니다.

데크 계단을 밟고 올라오는 그이의 발걸음 소리가 들리는가 싶더니 이내 현관문을 열고 들어서며 손가락을 입에 대고 뒤뜰을 향해 눈짓을 보냅니다. 이미 그가 무슨 말을 하고 싶어 하는가를 다 아는 터라 후원이 한눈에 들어오는 창 앞으로 다가갔지요. 졸참나무 아래로 난 사잇길에서 노루가 풀을 뜯고 있었습니다. 언제나 보아도 살집이라곤 전혀 없는, 다리와 목이 가늘어 가련해 보이기조차 한 짐승은 가끔 방초 우거진 숲으로 내려와선 풀을 뜯다가 되돌아가곤 합니다.

저는 풀을 뜯는 노루의 행위보다는 노루를 보는 그이의 모습이 더 좋습니다. 무겁게 매달고 있던 권위주의와 지식인의 자존심을 빼낸 그는, 로마 가톨릭 교황으로 추대된 베네딕트 교황께서 말씀하였듯 '포도원의 보잘것없는 미천한 농부'로 돌아왔기 때문입니다. 미천한 농부인 그가 검은 면포를 쓰고 벌통 앞에서 벌들을 살필 때면, 누런 비늘을 단 구렁이가 돌 틈에서 기어 나와 그의 곁에서 볕을 쬐곤 합니다. 구렁이와 그이 사이엔 두려움의 경계가 없습니다. 같은 터에서 사는 처지임을 잊지 말고 기억해 달라는 듯 혀를 몇 번 널름거리고는 양지쪽에서 몸을 틀고 앉아 있는 꼬락서니라니요. '꽃대님보다도 아름다운 빛깔'도 띠지 못했고, 이브를 꼬득여 낸 제 조상의 '원통함을 물어뜯을' 것을 강요하는 시인의 의사와도 상관없습니다. 단지 한 마리 구렁이일 뿐인 녀석은, 비가 내리고 나면 은거지에서 나와 한가롭게 볕쬐기를 하고는 제집으로 들어가곤 합니다.

남편이 구렁이를 곁에 두고 벌통을 보는 날이면 저는 시아버님께서 들려주었던 '바닷가 할멈' 이야기를 생각하게 됩니다. 먼 옛적, 동해 바닷가 어촌에는 늙은 어부 내외가 살고 있었답니다. 노인이 낚싯대를 메고 바닷가로 나가면 갈매기 한 마리가 어깨 위에 올라앉아 어부가 주는 고기를 받아먹으며 말벗이 되어 주었습니다. 어느 날 저녁, 노인은 할멈에게 갈매기와의 우정을 자랑삼아 들려주자 할멈은 자기도 그 갈매기가 보고 싶다며, 내일은 그놈을 꼭 잡아올 것을 간청하였다지요. 다음날 노인은 종일토록 갈매기를 기다렸으나 끝내 오지 않았답니다. 다음 날에도, 그 다음 날에도 갈매기는 노인의 어깨를 다시는 찾지 않았다지요. 갈매기는 노인의 기심機心을 먼저 알아차렸기 때문이었습니다.

어느덧 산그늘이 내립니다. 빛과 그늘의 눈금에서 빛나는 일광이 눈부십니다. 그러나 저 일광도 몇 시간 후면 함지에 잠기고 말 것입니다. 이쯤에서 저도 저녁상에 올릴 찬거리를 준비해야겠습니다.

평안하소서.

2005년 5월 30일

감을 깎으며

단풍이 절정입니다. 단청 불사를 끝낸 금당만큼이나 화사합니다. 이럴 듯, 절정에 이르러서야 가이없이 지는 나뭇잎을 보면서 사람도 원숙한 경지에 이르러 한 생을 거둘 수 있다면 얼마나 좋으랴, 당치도 않은 생각을 잠시 해봅니다.

추수가 시작되었습니다. 콤바인이 논바닥을 누비고 다니면서 황금빛 파스텔 색조로 물결치던 벼이삭을 쓸어 삼킵니다. 그럴 적마다 벼를 담은 마대자루가 툭툭 떨어져 쌓입니다. 자주 내리던 가을비로 애를 태우던 농민들은 비로소 가슴을 쓸어내립니다. 염려했던 것보다 벼의 작황이 좋다고들 입을 모으니 다행한 일이지요.

그러나 마음 아픈 구석이 없지는 않습니다. 이양기가 등장하고, 콤바인이 벼 베는 일을 도맡게 되면서 산골 다랑논은 사고

무친, 찾아오는 이 없이 버려진 무덤처럼 잡풀만 너울집니다. '추수를 끝낸 산골 다랑논은 꼭 공양을 마친 바리때처럼 마음 한 점까지도 간절함이 배여 있다'던 목성균 선생님의 수필 한 구절이 명치에 걸립니다. 쌀의 과잉생산으로 정부에선 해마다 추곡 수매를 줄이는 탓으로 농기계가 들어가지 못하는 땅은 내칠 수밖에 없습니다. 시절이 이러할진대 어찌 농부의 변심을 원망할 수 있겠습니까. 다랑논의 존망이 눈물겨운 '버림의 시대'로 넘어와 잡풀만 키우는 묵정지로 전락하고 말았습니다.

저의 내외는 무서리가 연이어 내릴 양이면 줄불이라도 난 듯 잰걸음을 치게 됩니다. 고구마와 토란을 캐고, 호박고지며 표고버섯을 따다 짧은 가을볕을 잡고 갈무리를 서둘러야 하니까요. 고구마를 캐는 날에는 제 살 아픈 줄도 모르고 흙이 쩍쩍 갈라지도록 고구마를 품고 있는 이랑에 들어서면 선뜻 호미를 들이 댈 수가 없습니다. 어미가 새끼에게 젖을 배불리 먹이지 않고서는 그리 실하게 뿌리를 키울 수 없는 일이지요. 무릎 꿇고 엎드리어 흙에 입맞추고 싶어집니다. 우리들이 바라는 유토피아란 흙처럼 자애로 사람들이, 흙만큼 겸허한 사람들이, 흙처럼 생명 있는 것들을 위해 자신이 지닌 것을 아낌없이 내어 주는 사람들만 모여 사는 곳이 아니겠는지요?

오늘 아침나절엔 꽃씨를 받았습니다. 백일홍과 봉숭화, 과꽃, 채송화에서 족두리 꽃씨까지 10여 종이 넘는 것들을 흰 봉투에 넣고, 다정스러운 사람들의 이름을 써 보듯이 꽃명을 적어 서랍에 깊이 넣어 두었습니다.

그리곤 오후엔 남편과 함께 마대자루와 대나무로 만든 전짓대를 들고 감을 따러 갔습니다. 화전민들이 심어 놓은 감나무들입니다. 주인은 떠나고 호젓한 산자락에 감나무만 남아 가을이면 노목의 가지에 주홍빛 등을 환하게 내다 겁니다. 빈산에 잎 진 가지마다 환하게 내 걸린 감을 보고 있으면, 감나무를 심었던 사람들을 생각하게 됩니다. 이미 떠난 지 오래인 사람들, 배운 것 없는 무지렁이들이라서 이 협촌까지 스며들어와 화전 뙈기나 일구다가 떠났으니 그 곤곤함이란 오죽하였을까 싶습니다. 그래 손을 내뻗기가 미안하고 미안하여 감나무 가지를 다치지 않으려고 애를 쓰다보면 헛손질이 잦습니다.

감 따는 일은 전짓대 끝에 갈고리를 달아야 수월합니다. 갈고리로 감꼭지를 잡아당기면 감이 뚝 떨어지지요. 그이는 장대가 닿는 곳까지만 감을 따고 저는 땅에 떨어진 감을 줍습니다.

그리곤 결혼하던 그 해에 장만한 늙은 싸리나무 광주리와 채반을 내다 놓고 밤늦도록 감을 깎습니다. 몇 해째 계속하다 보니 감 깎는 일이 제법 익숙해져 얇게 돌리는 칼 솜씨가 날렵합니다. 때문에 그이와 껍질의 길이를 재는 내기 따위는 더 이상 하지 않습니다. 고수끼리의 승부 겨루기란 허튼 장난에 지나지 않음을 알기 때문입니다.

창 밖에선 낙엽 굴러가는 소리가 스산합니다. 북풍이 불면 뒷산에서 떨어져 내리는 낙엽이 온통 지붕과 잔디밭으로 날아옵니다. 슬그머니 일어나 술상을 차려 들고 방으로 들어오니, 그이는 먼저 제 속내를 알아차리고 칼과 광주리를 옆으로 밀쳐 놓았습니다. 술잔을 받는 그의 미소가 귀밑까지 올라갑니다. 낙엽 지는 가을밤의 술맛이란 정말 기막히지요. 문득 "간다는 말도 못다 이르고" 간 월명사의 누이동생이 생각납니다. 한 가지에 나서도 가는 곳 모르기는 인간사에만 있는 것은 아닙니다. 문득 〈제망매가〉 한 수가 이마를 치는 것은 밤바람에 비산하는 낙엽 때문입니다. 그 스산함 때문입니다.

채반과 광주리에 가지런히 놓인 감의 속살이 곱습니다. 저 고운 속살에 뽀얗게 당분이 배면 당신께도 겨울밤의 군것질감으로 보내드리겠습니다.

속히 병원에서 나오시기를 기원하며, 오늘 밤 편지는 여기서 매듭짓습니다.

2005년 10월 27일

모순과 연민

오늘은 당신께 묻고 싶은 말이 있습니다. 니체처럼 "신은 죽었다"라고 외치고 싶었던 순간을 경험해 본 적이 있으셨는지요? 더 이상 뒤로 물러설 수 없는 단애까지 내몰려 본 적은 있으셨는지요?

그 날은 꼭두새벽에 일어나 아침식사를 서둘렀습니다. 충청도 북부지역에서 '일산'까지 다녀오려면 적어도 집에서 여섯 시 반에는 나서야 될 것 같아서였습니다.

예상했던 대로 솔내 선생님 댁은 멀었습니다. 제가 살아온 예순 몇 해의 여정만큼 멀게 느껴졌던 것은 찾아간 목적을 허탕만 치고 돌아 왔대서가 아니었습니다. 병문안 온 사람을 문전에서 돌려보낼 수밖에 없었던 그 분에 대한 연민과 배려가 저를 더 지치게 했던 것입니다. '얼마나 보이고 싶지 않았으면 그러했으랴'. 굳게 닫힌 문 앞에서 스스로 자위하며 돌아서자 일시에 힘이 빠져 허방을 딛는 것처럼 다리가 휘청거렸습니다.

동행했던 문우文友가 곁으로 다가와 눈치를 살피며 손을 잡았습니다. 손에 열이 있다고 걱정했습니다. 사실 저는 미열로 목이 타고 있었지만 내색하지 않았지요. 지하철을 타고 인사동으로 올 때까지 음료수 한 모금 마시지 않고 버티었습니다. 식당으로 들어가서야 물을 마셨고, 점심으로 주문한 비빔밥 한 그릇으로 복받쳐 오르는 슬픔을 다지어 누르듯 야구지게 퍼 넣었습니다.

솔내 선생님께서 투병을 시작한 것은 지난 초겨울부터였습니다. 위암 초기라 항암주사 다섯 번만 맞으면 안심해도 될 것이란 담당의사의 진단과는 달리 암세포는 다섯 번의 주사치료를 무시하고 다른 방법의 생체실험을 다그쳤습니다. 지속되는 고열로 입술이 타고 살이 내린다고 했습니다. 실험실 유리벽에 갇혀 끔찍한 아픔을 홀로 견디어야 한다니요. 어찌 하느님을 원망하지 않을 수 있으리까. 걸으면서도 주님께 기도하시던 분인데요. 손수 가꾼 정원에서 하느님의 섭리를 깨닫고 기뻐하셨던 분인데요. "오직 당신에게만 알려지는 기쁨의 눈물, 이런 눈물을 삼키는 시간이 제게는 있습니다." 이렇듯 순전純全한 믿음으로 하느님을 경배하셨던 분인데요. 어쩌자고 담금질로 목숨을 다그치는지 모르겠습니다. 영겁에 비하면 칠십 생애도 소슬바람에 불과한 것을요.

저도 천길 단애로 내 몰린 적이 있습니다. 5년 전입니다. 암세포가 그 어떤 증상도 보이지 않고 은밀하게 몸속으로 들어와 종균을 배양시키고 있었습니다. 처음 의사로부터 수술을 서둘러야 한다는 말을 들었을 때 어이가 없었지요. 지은 죄도 없이 현장으로 끌려 나가야하는 기막힌 오류를 용납할 수 없었기 때문이었습니다. 그러나 신께선 오류의 발생을 수정할 기미를 전혀 보이지 않았지요. 정당방위로 놈들의 거점을 기습할 밖에요. 작전의 지휘권은 담당의사가 맡기로 했습니다.

그런데요. 기습작전에 돌입하기 전까지 2주간의 준비기간을 두었으나 암이란 말을 도저히 입 밖으로 꺼낼 수가 없었습니다. 솔직히 창피했거든요. 관중 앞에서 혼자만 매를 맞아야 하는 꼴이 된 것 같았으니까요. 꿈을 향해 쏘아 올렸던 화살이 과녁에서 빗나갔을 때 일어났던 오기가 서슬을 세웠습니다. 때문에 암이란 병명은 철저하게 봉인되었지요.

작전에 돌입하던 날, 수술대 위에서 벗겨진 몸의 수치심으로 죽을상인 제게 팀장은 웃으면서 농을 했습니다. 한 잠 푹 자고 일어나면 더 예뻐질 것이라고요. 그의 말이 떨어지자 차가운 집기들이 몸에 부착되었고, 어느 순간 저는 무의식의 블랙홀로 깊이 빨려 들어갔습니다.

다행이 수술 결과는 원만했습니다. 비로소 봉인된 문서를 뜯어 공개했지요. 만일 수술 경과가 좋지 않았더라면 저 역시 가족 외의 문병은 어림도 없었을 것입니다.

병원에서 아이와 만남은 우연이었습니다. 절개한 부위의 통증을 덜기 위해 무통주사를 척추에 꽂고 있었던 후유증으로 며칠간 하반신 신경이 마비되어 발가락 하나도 제 힘으로 움직이질 못했습니다. 휠체어를 타고 검사실을 드나들어야 했지요.

그날은 유리창으로 늦가을의 햇살이 비쳐드는 아침이었습니다. 채혈실 앞에서 다섯 살 가량의 아이와 마주쳤습니다. 속눈썹이 길고 눈이 큰 사내 녀석이었어요. 링거액을 유입시키는 주사바늘을 이마 언저리에 꽂고서도 엄마의 귀에 입을 대고 무슨 말인가를 소곤거리고 있었습니다.

아이는 어림했던 대로 다섯 살이었습니다. 식욕부진과 빈혈의 원인을 밝혀내기 위해 입원중인 녀석은 채혈실로 들어가자 비명이 자지러졌습니다. 겁먹은 표정이 떠올랐고, 행여 몹쓸 병이라도 생기면 어쩌나 싶어 가슴이 두근거렸어요. 눈물을 그렁그렁 달고 나오는 아이에게로 휠체어를 밀고가 손을 잡았습니다.

"많이 무서웠겠구나. 그런데 말이다. 우리 몸속에는 피가 물처럼 흘러가고 있거든. 그래 가끔 빼주면 더 맑은 피가 솟아나게 된단다. 나도 피를 뽑으러 여기에 왔거든."

어린 천사는 고개를 끄덕이며 금방 밝은 표정을 지었고, 손을 흔들며 엄마가 밀어주는 휠체어를 타고 복도를 꺾어 입원실 쪽으로 사라졌습니다.

퇴원한 이후에도 저는 보름간격으로 항암치료를 위해 병원을 드나들었습니다. 병원에 갈 적마다 꼬마가 입원중인 병실로 찾아가 '가위바위보'로 이마에 군밤 먹이기를 즐겼지요. 아이의 병명은 우려했던 대로 백혈구가 죽어가는 혈액암이었습니다. 곧 무균실로 옮겨가야 한다는 애어미의 말을 듣고 화가 치밀어 견딜 수가 없었습니다. 겨우 다섯 살 난 생명을 실험하는 신들의 침묵, 그 잔인함에 분노하며, 복도 벽에 기대어 울음을 터트리고 말았습니다. 참을 수 없이 솟구치는 슬픔을 방류시키지 않으면 제가 쓰러질 것 같았습니다. 사람들이 쳐다보건 말건 어깨를 뜰썩이었지요. 한 번의 호흡조차 힘겨워 할딱거리며 잦아지는 어린 제 새끼를 두 눈 똑바로 뜨고 지켜보아야 하는 어미에 대한 '연민' 때문이었습니다.

그날 어쩌면 신은 아이와 저의 등 뒤에서 음험한 미소를 지었을지 모릅니다. 당신도 보셨지요. 영화 〈쉰들러 리스트〉를.

전 그 영화를 보는 동안 '신은 죽었다'란 말을 몇 번인가 되뇌었습니다. 유태인이란 이유만으로 불문곡직 끌고 가선 사람의 목숨을 기고만장하게 다루는 나치들의 행태를 신은 어찌 그대로 보고만 계시는가 싶어서였습니다. 신께서 자신에 대한 믿음을 시험하기 위해 그 많은 목숨들을 가스실로 몰아넣었다면, 그 죄는 '친자살인' 또는 '살인묵과'에 해당될 것입니다. 죽음의 공포에 떨던 수많은 사람들의 표정, 흑백의 진흙 벌에서 천진난만한 소녀의 분홍색 옷자락, 그 짧은 스침, 어미의 애절한 눈빛과 우울하게 깔린 배경음악으로 영화가 끝난 뒤에도 쉽게 자리를 뜨지 못했습니다.

아이는 그 해 겨울을 넘기지 못하고 엄마 곁을 떠나가고 말았습니다. 신은 끝내 '내일' 혹은 '당장은 아니라도'에 곧 나아질 것이란 어미의 희망을 묵살해 버린 채, 꼬마를 미행하던 사자에게 넘겨주었던 겁니다. 전화로 "아이가 갔어요." 그 한 마디만 남기고 침묵하는 그녀에게 어떤 말도 건넬 수 없었습니다. 다섯 살배기 첫 아이를 잃은 어미는 '구원' '꿈' '희망'이란 말들이 절반은 속임수임을 훤히 꿰뚫고 있을 것이므로, 어쭙잖은 위로는 말장난에 지나지 않을 것 같아서였습니다.

겨우내 굽이치는 능선 위로 포말처럼 휘말려 구르는 매운 눈바람을 바라보며 막막함을 잊고자 글쓰기에 매달렸습니다. 쓰는 일만이 살아있음의 의미였고, 세상과 소통할 수 있는 유일한 출구였기 때문이었습니다.

지금 6월의 산하는 검푸른 빛으로 출렁입니다. 잎사귀와 잎사귀들이, 풀잎과 풀잎들이 고밀도로 겹쳐 내뿜는 성성함에 칠십 생을 살아온 삶의 정처가 한없이 왜소합니다. 어젯밤, 솔내 선생님께서 가족들을 불러 유언을 남기셨단 소식 받았습니다. 수화기를 내려놓고 나니 허망했습니다. 생전에 맺었던 인연의 밧줄을, 정박케 했던 모든 관계의 밧줄을 끊어 삶을 마무리하고나면 어디로 가는 것일까요? 아무도 간 곳 모르는 피안의 저 편은 완전한 무無였으면 좋겠습니다. 영국의 작가 '말콤 머거리지'도 그랬습니다.

"죽음에 대하여 말할 때, 그 너머에 아무것도 없다면, 그 없음에 나는 고마움을 보낸다."

죽음으로서 완전한 무無로 돌아가기를 바라는 이 명쾌한 제안에 저는 두말 않고 동의했었습니다. 우리가 죽어 무엇이 된다는 것, 어떤 형태로 재구성 되어 또 다시 환생한다면 생로병사의 반복에서 헤어날 수 없을 터이니까요.

가까운 숲에선 또다시 떠도는 혼령처럼 소쩍새가 웁니다. '솥 적다 솥 적다' 생전에 배 곯아 죽은 며느리의 한이 밤마다 서럽습니다. 이대로 잠자리에 들면 가위 눌린 악몽에 시달릴 것 같은 예감 때문에 망설여집니다. 저를 위해 기도해 주지 않으시겠습니까? 기도하는 당신의 음성에 귀를 묻고 싶어 그럽니다. 그리운 당신이여!.

2007년 7월 3일

춘정春情

지금 수렛골은 꽃사태에 묻혔습니다. 태기와 입덧으로 번지던 봄이 만삭의 몸을 풀자 온 산하는 해산의 기쁨으로 들뜨고, 새들도 산란기에 들어갔습니다. 박새란 놈 내외는 올 봄에도 얄밉게 렌지후드 환기통에 집 짓는 공사를 벌렸었지요. 암수가 부산하게 마른 이끼며 보온덮개를 쪼아 헝겊나부랭이를 물어 나르는 것을 본 남편이 녀석들의 집을 철거하고 말았습니다. 지난해에도 환기통에 집을 짓고 새끼를 쳐 반 년 동안 후드를 사용하지 못해 음식 냄새와 기름때로 애를 먹였었답니다. 녀석들은 헐리는 집을 보고는 죽을힘을 다해 '이럴 수 있냐고? 지줄댔겠지만 저도 눈 딱 감고 버텼지요. 옆 집 돌담 틈새나 마을회관 지붕 밑으로 새로운 거처를 마련할 것임을 잘 알기 때문이었습니다. 녀석들은 생각했던 대로 한나절이 못 되어

회관 지붕 밑을 탐색하더니 환기통에서 꺼내 논 자재를 다시 물어다 새둥지를 마련하더이다. 그리곤 알을 품었는지 암컷의 모습이 눈에 띄질 않는군요.

요즈음은 헐렁한 고무줄 바지에 장화를 신고 나서면, 저물도록 농작물을 심고 나무 가꾸는 일로 허리가 휩니다. 한자리에 3년을 버티지 못하는 부추를 앞밭으로 옮겨 심고, 전지가위로 회양목과 주목을 보기 좋게 잘라주고, 들깨 모를 낼 밭에는 주름관을 묻어 새로 물배를 잡아주었지요.

오늘은 아주 오래된 살구나무 밑에서 파밭을 매었습니다. 목피에 검버섯이 얼룩덜룩 핀 살구나무는 그래도 봄이면 연분홍 꽃을 구름처럼 피워 올린답니다. 자욱하게 흩날리는 꽃비가 좋아 잠시 호미를 놓고 밭둑에 퍼질러 앉아 설도의 "춘망사春望詞"를 흥얼거렸지요.

당나라 때의 여류시인이었던 설도의 춘망사를 당신께서 보내주던 날은 제 안에서 스파크 현상이 일어났었습니다. "꽃피어도 함께 바라 볼 수 없고 / 꽃 져도 함께 슬퍼할 수 없어 / 그리워 타는 마음 잦아질 때에 / 봄새가 다시와 애달피 울더라니요.

꽃은 언제나 절정에서 낙화하지요. 바람이 불지 않아도 제 물에 흩날리는 꽃잎을 보면서 하나의 갈구를 느끼지 않은 이 얼마나 될까요. 사랑하는 이의 가슴속으로 스며들고 싶은 절실한 갈구가 화농으로 번지는 아픔을 생애에 한 번 쯤은 겪고 넘어감으로 성숙해지던 시절엔 그 아픔 자체가 탄력이었고 희망이었음을 당신도 모르진 않으실 겁니다. 말문을 굳게 걸어 잠그고 홀로 간직함으로 더 아름다웠던 기억들이 빗금으로 흩날리는 꽃비를 타고 감정의 현을 건드리었습니다. 그러고 보면 인간이 뇌관에 박힌 기억이란 칩은 참으로 신비롭지요.

그러나 나른하고도 달콤한 해찰은 오래가지 못하고 깨어졌습니다. 건너편 산비탈에서 밭을 갈던 허씨가 갑작이 뱃가죽이 잦아들도록 연거푸 기침을 쏟아놓은 때문이었지요. 기침이 멎자 다시 이어지는 밭갈이는 매우 목가적이었습니다. 소는 주인이 이르지 않아도 제가 알아서 타던 골이 끝나면 육중한 몸을 돌려 새 이랑을 만들지요. 소가 지나갈 적마나 쟁기발을 타고 일어나는 흙살이 싱그러웠습니다.

밭을 가는 암소는 사람으로 치면 나이가 지긋한 중년쯤에 해당됩니다. 짐승도 나이를 먹어야 철이 들지요. 처음 밭갈이를 나온 풋내기는 도무지 주인의 말을 알아듣지 못하여 길잡이를 내세우고 실전교육을 시켜야 합니다. 허 씨네 농우도 첨엔 그의 부인이 코뚜레를 바투잡고 길잡이를 섰었답니다. 녀석은 난생처음 목에 멍에를 메고 배대줄과 물주리막대로 무장한 것이 몹시 불편했는지 부리망을 쓴 입에서 연신 흰 거품을 내품었습니다. 노인도 목청을 높여 "이랴! "워" "어 저저"란 단어로 소에게 말귀를 터주었습니다.

속도만이 새로운 혁신을 이룩하는 초고속 시대에 농우로 밭을 갈고 이랑에 씨를 뿌리는 일은 분명 답답한 풍경이 아닐 수 없을 것입니다. 그럼에도 수렛골 사람들은 자연의 속도에 따라 농사를 지으며 살고 있습니다. 현대인들이 현자의 말씀처럼 떠받드는 '느림의 미학'이 여기에선 하나의 일상에 불과할 따름이지요.

해가 저물어갈 무렵, 논에 잠겨있는 산그리메가 고왔습니다. 산이 물에 그림자를 눕히는 것은 물이 깊어서가 아닌 물이 맑아서임을 한 뼘도 안 되는 못자리 논에서 보았습니다.

이제 노동으로 하루를 보낸 고단한 육신을 잠자리에 내려놓아야 할 시간입니다. 박새도 소도 농부도 진작부터 단잠에 들었을 것입니다. "절반을 살고 절반을 깨우치지 못한 답답한 미련의 목숨"을 버리지 못한 지식인의 일상성에 밴 스노비즘을 못 견디어 하던 신동문 선생이 쓴 시처럼 '내 노동으로'하루를 살고 잠자리에 들면 잠도 꿀맛입니다. 오늘은 살구나무 밑에서 춘정을 누렸으니 더 달콤하겠지요. 당신도 그러하셨으면, 아니 그러하시길 바라며 오늘은 여기서 편지를 마무리 짓습니다. 무르익어가는 봄의 화사한 기운이 집안에 가득하시길 빕니다.

2006년 4월 21일

겨울 강

한 해의 종점, 세모歲暮입니다.

유난히 삶의 휘둘림과 변화가 잦았던 탓으로 정신없이 허둥거리다가 종점에 닿았습니다. 종점에 이르러서야 연초에 계획했던 일들이 무산된 허탈감과 죽음의 강을 건너간 정인들에 대한 그리움까지 겹치어 남한강 하류에 있는 비내섬으로 차를 몰고 나섰습니다.

강 언덕에 차를 세우고 강가로 내려서자, 서북풍이 서해로 흐르는 물살을 거꾸로 밀어 올리느라 비늘을 번쩍이며 가쁜 호흡으로 뒤척이고 있었습니다. 강풍주의보가 떨어졌으니 이 삼일간은 강물도 바람의 행티에 어지간히 시달릴 것 같습니다. 다만 늙어 야월대로 야윈 몸으로도 강풍에 꺾이지 않는 억새들의 강단진 자존을, 그 견고한 의지와 내성內省으로 위로 받고 싶어 달려갔던 것입니다.

강은 사유의 보궁입니다. 예로부터 문인들이 강을 지근한 벗으로 삼았던 것은, 흐르는 일만이 썩지 않은 방법이고, 썩은 것조차도 정화시키는 비법이라는 강의 말을 듣기 위해서였을 것입니다. 더 큰 물과의 교합을 꿈꾸며 자궁에서 꼬물거리는 물고기들의 태동을 즐기며 바다를 향해 달려가는 그 줄기찬 역동성에서 일어나는 심연의 파장을 통해 시적 에너지가 축적되는 기쁨을 맛볼 수 있었기 때문일 것입니다.

시간의 흐름과 파장의 물결사이에서 2007년도 내일이면 역사의 지층에 또 한 켜를 올려놓게 됩니다. 우주의 운행은 매양 같은 속도로 달리고 있는데도, 제게는 반년 정도는 강등당한 기분입니다.

한 해를 반년으로 강등당한 기분까지 들게 된 것은 아마도 아들 내외가 교직에 몸담고 있어 생후 두 달된 손녀의 보육을 제가 맡고부터 시작된 것 같습니다. 어린 생명에게 쏟는 정성과 공들임은 날짜와 요일의 개념을 염두에 둘 짬이 없을 정도였으니까요. 게다가 남편은 밭농사까지 늘렸고, 엄정면에서조차 면지 발간에 들어갈 〈지방문화재와 유적〉편을 제게 떠넘겼습니다. 글쟁이란 명분을 뒤집어 씌워놓고 맡기니 거절할 수도 없었지요.

자료를 수집하기 위해 일요일이면 답사로 발목이 시큰거렸고, 밤이면 책 더미에서 참고할 문헌을 찾다보면 먼동이 트곤

하였습니다. 일인삼역의 힘겨운 짐을 지고 허둥거리는 동안 여름과 가을이 마치 달리는 차창 밖 풍경처럼 휙휙 지나가버렸습니다.

몇 번이나 눈이 내려 마을초입의 언덕에 빙판을 지우고, 한파도 서너 번 다녀갔습니다. 주현이도 생후 칠 개월로 접어들자 배밀이를 시작하더군요. 보행기를 타고 이 방 저 방을 기웃거리며 혼자 노는 시간이 늘어났습니다. 이 해를 넘기기 전에 면지 발간에 들어갈 원고를 탈고하기 위해 주력하였습니다. 고분에서 나온 유물은 물론, 야철지에서 발견한 노벽편 하나에 얽힌 연대까지 상세하게 기록하는 작업은 고되었습니다. 콧속이 늘 헐어 피딱지가 떨어지곤 했지요.

원고지 4백 매로 드디어 제게 맡겨진 분야를 매듭지었습니다. 무거운 짐을 벗어낸 기분은 날아갈 듯싶었지요. 그런데 갑자기 들이닥친 불행처럼 마음속 깊이 아끼던 고향까마귀가 훌쩍 저승으로 건너갔습니다. 도무지 믿어지지 않은 소식이었습니다.

그는 살아생전 제 건강을 혈육처럼 걱정해 주었습니다. 제가 첫 수필집을 펴냈을 때엔 출판사로 책을 주문해 고사떡 돌리듯 직장 동료들에게 나누어 주었다고 했습니다. 소나무가 성하면 잣나무가 기뻐한다는 송무열락松茂栢悅에 버금가는 우정이었지요. 저는 그런 우정을 버거워했습니다. 복에 겨운 투정이었습니다.

언젠가 당신께선 진정한 친구는 좋은 일이 생겼을 때 함께 기쁨을 나눌 줄 아는 사람이어야 한다고 하셨습니다. 대개의 사람들은 불행할 땐 쉽게 마음을 열지만, 정작 좋은 일이 생기면 열었던 마음도 도로 닫는 이율배반적인 모순을 지적한 말씀이었지요. 당신의 작품이 세상에 알려졌을 때 가장 먼저 축하해 주리라 믿었던 친구가 냉담한 반응을 보였습니다. 그 일로 오랫동안 마음 앓으셨던 경험을 비추어 하신 말씀임을 제 어찌 모르리까. 남이 잘되면 배를 앓는다는 인간의 심리가 아무리 보편적이라고 해도 덕담 한마디도 못해주는 그 졸렬함과 부덕의 소치가 저 역시 되우 마음 상하고 한 편으론 안쓰러웠습니다. 남을 칭찬하면서 함께 나누는 즐거움을 모르다니요. 아울러 생각의 단초가 사람에게 끼치는 영향력에 대해 깨닫는 바가 적잖았습니다.

당신께서도 윤동주 선생이 쓴 〈달을 쏘다〉란 산문에 나오는 〈우정론〉을 읽어보셨을 겁니다.

"동무란 한낱 괴로운 존재요, 우정이란 진정 위태로운 잔에 떠 놓은 물이다. 이 말을 반대할 자 누구랴. 그러나 지기 하나 얻기 힘들다 하거늘, 알뜰한 동무 하나 잃어버린 다는 것은 살을 베어내는 아픔이라."

제 동무는 위태로운 잔에 떠 놓은 물 같은 존재가 아니라 알뜰한 지기였습니다. 그의 죽음이 "살을 베어내는 아픔"으로 저며 오는 것은 그런 친구에게 단 한 번도 고마운 정을 살갑게 전해주지 못한 후회 때문입니다. 또 죽음이란 완벽한 소멸, 완전한 부재가 허망해서입니다.

이제 그렇게 알뜰한 지기를 다시는 만나지 못할 것입니다. 60대 중반이 되도록 링거액 한 방울도 혈관에 유입시킨 적 없었던 그는 백 살까지 살 것이라고 장담 했었지요. 그랬던 사람이 칠십도 못살고 간다는 말도 한 마디 남기지 않고 암과의 투병에서 참패를 당하고 먼저 자리를 뜨고 말았습니다. 정들었던 사람들과 헤어진다는 것은 슬픈 일입니다. 해후를 기약할 수 없는 이별은 더 큰 슬픔입니다.

강물에 손을 담그고 눈을 감았습니다. 차디찬 물살의 흐름이 손끝을 타고 전신으로 스며들었습니다. 지나간 한 해 동안에 겪었던 모든 사연들을 흐르는 물살에 풀어놓았습니다. 큰 스승이었던 솔내 선생님에 대한 그리움도, 고향까마귀에 대한 애틋한 정한도 다 풀어놓았습니다. 망각의 강으로 아주 잊혀져버리기를 바라면서 다 풀어 놓고 돌아섰습니다. 그리곤 차 안으로 들어와 베토벤의 〈합창〉 교향곡을 크게 틀어놓고 들었습니다.

지금은 자정입니다. 바람도 지쳐 잠이 들고, 천지는 깊은 정적에 잠겼습니다. 당신 앞에 단정하게 앉았습니다. 지난 한 해 동안에도 아껴주시고 보살펴 주신 은혜에 감사를 드립니다. 모쪼록 새해에도 우리의 우정이 변치 않기를 소원하며 이만 물러납니다. 편히 잠드소서.

2007년 12월 30일

어리석은 반란

올 여름 장마는 참으로 지루했습니다. 제가 '참으로'란 수식어를 앞에 다는 이유는 하늘에 구멍이라도 뚫린 것처럼 퍼붓는 빗줄기를 보면서 잠시도 긴장을 풀지 못하고 지냈기 때문입니다. TV화면을 통해 보도되는 피해상황이 내일처럼 여겨졌으니까요. 집을 산 밑에다 바싹 들여앉힌 탓으로 혹여 산이 무너지면 어쩌나 싶었고, 들소가 울부짖듯 골짜기를 빠져나가는 거센 물살도 집으로 넘쳐 들어올까 봐 두려웠습니다. 산과 물이 좋다고 개울을 끼고 산 밑에 집을 지은 대가를 톡톡히 치르는 셈이지요. 그러고 보니 인간살이에서 공짜로 얻어지는 것은 한 가지도 없는 것 같습니다.

이렇게 물난리로 애를 태우는 와중에 7번 벌통에서 여왕벌이 집을 나왔습니다. 3만 마리에 가까운 충복들을 이끌고 개울 건너 아카시나무 윗가지에서 노숙을 시작했기 때문입니다. 이건 뜻밖의 사건이지요. 장마철에 살림을 나는 예는 극히 드물거든요. 그것도 사람의 손이 미칠 수 없는 곳으로 이주를 한다는 것은 주인과의 결별을 통고하는 행위와 다름없으니까요.

그래도 비가 오고 있으니 어둡기 전에는 주인이 마련해 놓은 새 왕궁으로 돌아올 줄 믿었습니다. 하지만 여왕은 어둠이 짙어지도록 일벌들이 뒤웅박처럼 매달려 있어도 움직일 낌새를 보이지 않았어요. 다음날도 그 다음 날에도 충복들의 안위는 무시한 채 그 자리를 고수하는 것이었어요.

잠시 소강상태를 보이던 장맛비가 다시 내리기 시작했습니다. 점점 빗줄기가 굵어지고, 불어난 개울물이 또 다시 벌창을 했습니다. 우리는 안타까웠지요. 분봉을 할 때에는 사흘 동안의 식량을 몸에 저장하고 나온다고 하지만 밤이면 물가의 습기와 저온 현상으로 열량의 소모가 많아져 수명이 단축될 것을 여왕벌이 모르지 않으련만 그는 죽음을 각오하였는지 새로운 왕궁으로의 입궁을 원치 않았습니다.

벌들을 관장하는 사령관이 자주 개울가로 나가선 놈들의 동태를 살피곤 했어요. 애초에 사람손이 미치지 못하는 곳으로 살림을 나면 이들에게 거는 기대는 포기하는 것이 상책입니다. 아무리 벌을 목숨처럼 귀하게 여겨도 선택권은 여왕에게 달려 있기 때문이에요. 아카시나무 상가지에 임시로 거처를 정한 여왕은 새로운 유토피아를 찾아 멀리 날아가기 위한 저항의

태세였으나 지금은 우중입니다. 그가 꿈꾸는 이상을 좇아 모험을 감행하기엔 기상조건이 매우 불리하지요. 이건 필경 죽음을 불사한 무모한 반란으로 볼 수 밖에 없을 듯싶었습니다.

무엇이 여왕을 반란케 하였는지 모르지만 50만여 대군을 이끌고 있는 우리 집 사령관은 벌에 대한 사랑이 각별합니다. 정년 후 맘 붙일 곳 없어 시작한 일이라 더 애정을 쏟는 것 같습니다. 더구나 지난해에는 응애라는 기생충에 감염된 것을 모르고 월동을 시켜 30통이나 되는 벌들을 전멸시키고 말았지요. 때문에 새로 구입한 벌들을 더 애지중지 받들어 모십니다. 여왕이 실하지 못한 통에는 새 여왕을 들이기도 했습니다. 새 여왕을 들이는 날에는 일벌들에게 잠시 왕겨나 쑥을 태워 그들의 후각을 마비시키지요. 벌들이 용케 제 집만을 들고나는 것은 저들이 모시는 여왕의 특유한 냄새 때문이랍니다.

뿐만 아니라 올해엔 건강한 벌을 육성시켜야 한다고 아카시아 꿀만 두 번 뜨고, 밤 꿀은 손도 대지 않았습니다. 게다가 장마가 북상한다는 기상청예보를 듣고선 저장한 꿀이 모자라는 통에는 설탕물을 사양기마다 가득 채워주었고, 유충의 먹이인 꽃가루도 적당하게 공급해 주었습니다. 더위를 막기 위해 바닥도 돋우고, 위로는 스티로폼을 덮어 열기를 차단해 주었을 뿐만 아니라 아침마다 나들목에 물통을 놓아 주었지요. 또 벌들의 이착륙이 수월하도록 널빤지를 덧대어 놓았답니다. 최상의 조건을 만들어 주었음에도 7번 통에서 나온 여왕은 알에서 깨어나지도 않은 미래의 여왕에게 자기가 살던 왕궁을 물려주고 우중에 납신 것입니다. 납시어 저렇게 버티는 속셈을 도저히 간파할 수가 없는 것입니다. 저는 여왕을 향해 한마디 내뱉었지요.

"너는 스탈린이나 무솔리니보다 더 악질이야."

벌들은 철저하게 집단사회로 이루어져 있습니다. 여왕을 위시하여 수벌과 일벌, 나들목을 지키는 파수병과 적의 공격을 살피는 정찰병으로 나누어 각자의 소임을 위해 목숨을 겁니다.

그 중에 여왕은 알과 유충, 번데기의 시기를 거쳐 보통 16일 정도면 왕으로 태어납니다. 처녀왕은 태어난 지 이주일 이내에 수벌과 짝짓기를 하는데 그 안에 몇 번의 탐험비행을 시도하지요. 그리곤 맑고 따뜻한 한낮에 처녀왕은 공중 높이 날아오릅니다. 수벌들이 그 뒤를 따르지요. 일벌들까지 따라나와 낮놀이 하듯 어지럽게 벌이는 군무는 가히 장관입니다. 이때에 처녀왕은 7~17마리의 수벌과 교미를 한다더군요.

짝짓기에 성공한 처녀왕은 수벌들의 정낭을 몸속에 넣고 돌아와 이삼일 후면 알을 낳습니다. 일생 동안 100~150만 개의 알을 낳는다고 하는데, 젊은 여왕은 조건만 좋으면 하루에 3천 개 정도의 알을 낳을 수 있다고 하네요. 제 몸무게의 1.5배나 되는 알을 매일 낳을 수 있는 것은 순전히 로열젤리만 먹기 때문이라고 곤충학자들은 말합니다. 그러나 저정낭貯精囊에 정액이 떨어지면 여왕은 봉군의 무리에서 사라지지요. 대개는 주인의 손에 의하여 제거 됩니다.

벌의 무리에서 가장 불행한 놈은 수벌입니다. 여왕만을 바라다보며 무위도식 꿀만 축내다가 먹이가 부족하거나 월동준비에 들어가면 일벌들에게 쫓겨나는 신세가 되거든요. 덩치만 크지 벌이 지녀야 할 절대의 무기인 침이 없어 대항도 못한 채 놀고먹는 자와 일하는 자와의 색출에 의하여 내침을 당하는 것입니다. 서울역에서 빈둥거리는 노숙자들이 만일 벌들의 세계에서라면 굶어 죽기 십상이지요. 미래가 불확실한 잉여적인 존재가 발붙일 곳 없는 곤충들의 조직적인 규범은 시사하는 바가 적잖습니다.

일벌이 가장 힘든 시기는 아카시아 꽃이 필 때입니다. 이때에 태어나는 일벌은 지나친 노동으로 빨리 죽지요. 낮에는 종일 먹이를 물어들이고, 밤이면 날개를 흔들어 바람과 열을 일으켜 체력의 소모가 크기 때문입니다. 마치 소형 선풍기 한대가 돌아가는 소리가 날 정도로 날갯짓을 하여 수분의 농도를 맞추거든요. 당신께서도 이 사실을 아신다면 꿀 한 수저를 무심하게 떠 먹을 수는 없을 겁니다. 천양희 시인은 꿀 1kg을 얻기 위해 벌은 560만 송이의 꽃을 찾아다닌다고 하더이다. 고 작은 녀석들이 그 많은 꽃을 찾아다니며 물어들인 수고를 생각하면 미안하다거나 고맙다는 인사 한 마디쯤은 하고 먹는 것이 벌에 대한 최소한의 예우일 것입니다.

이렇게 우직할 정도로 맡은 임무를 수행하는 녀석이 있는가

하면 그 세계에서도 잔꾀를 부리는 놈이 끼어 있게 마련이지요. 해질 무렵 벌통 앞에 쪼그리고 앉아 놈들의 하는 양을 지켜보면 단번에 알아 볼 수 있으니까요. 어떤 녀석은 밀낭에 꿀을 가득 채우고 돌아오면, 제 몸의 무게 때문에 가볍게 착지를 못합니다. 곤두박질치듯 활주로 앞에 떨어져 엉금엉금 기어들어가지요. 또 어떤 녀석은 어디서 딴청을 떨다가 슬쩍 동료들 틈에 묻어 들어갈라치면 문지기는 용케도 녀석의 잔꾀를 알아차려 입궐을 저지한답니다. 다시 먹이를 찾아 공중비행에 나서는 꼴을 보면 말재주로 남의 공을 가로채어 제 것으로 삼으려다 들킨 얌체족을 보는 것 같아 웃음이 절로 나옵니다.

사령관은 어리석은 여왕을 유인하기 위해 별의별 술책을 다 써보았습니다. 꿀을 듬뿍 바른 바가지를 들고 나가선 토종벌에게 하듯이 "장수야, 모여라. 장수야, 건너와라." 통사정을 해보지만 사령관의 목소리는 시뻘건 흙탕물이 삼켜버리고 말았습니다. 처음엔 뒤웅박 모양으로 뭉쳐져 있던 것들이 사흘이 지나면서 할머니의 젖가슴처럼 늘어지기 시작했고, 벌들의 수도 반으로 줄어들었어요.

다시 나흘이 지나가자 벌들은 한 마리도 보이지 않았습니다. 어리석은 여왕의 무모한 반란으로 인한 불행한 사건은 이렇게 막음을 짓고 말았지요. 벌들이 떠난 자리를 보면서 백제의 사직이 무너지던 날을 생각했습니다. 백마강에 꽃잎처럼 몸을 떨구던 궁녀들의 모습도 그려보았습니다. 멸망이란 그런 것이었습니다. 재건, 재회. 재생이 불가능한 공백상태로의 함몰이었습니다.

오늘은 벌들의 이야기가 장황했었나봅니다. 아침저녁으로 살갗을 스치는 소슬한 바람과 맑은 하늘빛이 좋습니다. 이 가을 내내 원만하게 보내시길 빕니다.

2006년 8월 10일

단 한 번의 생을 위하여

봄비 내리는 밤, 이슥토록 목련차를 만듭니다. 당신께서 보내준 cd에 저장된 첼로연주를 들으며 꽃잎을 열고 '하소백련'과 녹차를 넣습니다. 차를 넣고 여밀 적마다 손가락에 닿는 꽃잎의 촉감이 하도 여려 호흡을 가다듬지 않을 수 없습니다.

4월이 오면 목련꽃으로 차를 준비하는 일련의 과정을 통하여 삶의 충만감을 느낀다면 당신은 웃으시겠지요.(?) 지극히 사소한 것으로 자족하는 소시민적인 기질, 그 어쩔 수 없음에 대하여 미소 지으실 터이나 제 딴엔, 철따라 차를 마련하는 일들이 꽤나 소중합니다. 산촌에선 제가 할 수 있는 일이란 채마밭을 가꾸는 일과 야생화 기르기, 두 마리 개에게 밥 주고 나물 뜯어다 밥상 차리는 일 따위입니다. 물론 중노동에 속하지요. 그러나 말벗도 없는 산중에선 일이 벗이고 생활입니다.

게다가 차를 준비하는 일은 생산의 향상성과는 별개이나 경제적인 그 어떤 가치보다 소중합니다. 차를 마실 때의 조촐한 정취는 삶에 쉼표 찍기나 다름없으니까요.

이런 이유로 겨우내 닫혀 있던 창에 꽃불 켜지기를 애틋하게 기다려왔습니다. 그러나 올 봄은 여느 해보다 사람들이 붐비는 도시의 거리에 대한 향수로 자주 목이 잠기곤 했어요. 희뿌연 황사와 돌풍이 때 없이 불어와 시야를 가리고 번개와 천둥까지 합세하여 으름장을 놓는 을씨년스러운 날들이 잦았던 탓이었습니다.

마침내 봄처녀가 해빙의 터진 살갗에 연둣빛 옷을 입히고 꽃불을 질렀습니다. 성긴 숲, 골짜기마다 붉고 붉은 꽃불이 활활 타 올랐어요. 기다림으로 얼룩진 저의 창에도 꽃등을 달아주었습니다. 매화와 목련이 먼저 피었어요. 청매 20여 송이도 따다 유리병에 넣어 냉동시키는 일도 잊지 않았습니다. 가끔 우전차에 매화 한 송이 띄워 마시는 곰살스러움까지 챙긴 셈이지요.

목련꽃차는 진하지도 엷지도 않은 향기가 일품입니다. 뒷맛은 약간 쏘는 듯 싶으면서도 감미롭거든요.

목련차는 때를 잘 맞추어야 제 맛을 살릴 수 있습니다. 꽃잎 피어나는 절정의 시기를 놓치지 말아야 한다는 얘기지요. 알맞게 도탑고, 보기 좋게 희고 적당하게 벌어질 때 꽃을 따야만 본래의 맛을 낼 수 있거든요. 순백의 꽃잎을 열고 녹차와 연밥 볶은 것을 살짝 집어 넣는 행위를 통하여 겨우내 앓던 코감기와 안구건조증까지 치유되지요. 당신도 아실 겁니다. 안구건조증이 가시고 나면 사물의 윤곽이 훨씬 선명하게 보일 뿐만 아니라 세상은 그런대로 등 기대고 싶도록 따스해 보인다는 것을.

그런데요. 나뭇가지에서 꽃을 따다보면 꽃은 언제나 새 눈에서만 꽃이 핀다는 것을 알게 됩니다. 단 한 번 꽃을 피우기 위해 지난 한 해 동안 나뭇가지들은 이미 봄을 마련해 두었던 것이지요. 혹한을 견디어 온 녹녹치 않은 의지도 한 번의 생을 위해서였습니다.

이쯤 되면 당신께서도 눈치를 채셨을 것입니다. 인간을 비롯한 생명 있는 모든 것들은 이미 죽음의 징후를 바닥에 깔고 생존하다 결국은 사라지고 만다는 것을요. 목련을 비롯하여 연노란 꽃물결을 이루고 있는 꽃다지들도, 또는 된새막이 대숲 뒤로 뭉게구름처럼 피어 있는 살구꽃도 새눈에서 단 한 번 피어난 꽃들이 모여 이루어진 진경입니다. 풀씨들은 제 몸 열 배도 넘는 흙덩이를 밀치고 올라오잖아요. 불가사의 한 힘입니다.

이리하여 4월을 한 번의 생을 위해 모인 저 오롯한 생명들로 하여 득의만만한 것입니다. 풀들의 함성과 꽃들이 터트리는 축포로 부가되는 생명의 경이로움이 모여 천지가 새로워집니다.

제가 목련꽃을 따다가 차를 만드는 것도 단 한 번의 생을 오롯하게 누리고 싶어서입니다. 때때로 사람이 그립고 쓸쓸할 때, 유리램프에 촛불을 켜고 물을 덥히어 목련을 넣고, 향과 맛이 울어나기를 기다리노라면, 잠시 일었던 감정의 파문이 이

내 부끄러워집니다. 추사선생과 다산 선생, 초의 선사가 그토록 차에 애착했던 것도 차가 지닌 고요한 품성 때문이었을 것입니다. 차로서 상처의 아픔을 달래고 서로간의 우정을 돈독히 쌓았으며 수신修身을 몸에 익혔을 터이니까요.

빗소리가 소요스럽습니다. 양철통물받이로 떨어지는 빗물의 양이 많아진 탓인가 봅니다. 당신께서도 목련꽃이 떨어지기 전에 단 한 번 새 눈에서, 단 한 번의 생을 다해 피어난 꽃을 따다가 차로 만들어 보실 의향은 없으신지요?

이 비가 그치고 나면 개울 건너 과수원엔 복사꽃이 봇물 터지듯 만개할 것 같습니다. 눈부신 연분홍꽃빛 봉투에 가득 채워 보내면 기뻐하소서.

2007년 4월 14일

새들은 지금

병원에서 퇴원하셨단 소식 메일로 알려주시어 고맙습니다. 4개월 동안 '내' 혼으로의 귀향에 얼마나 목마르셨습니까. 부부란 '함께' 있기를 원하면서도 때로는 '함께'란 관계로부터 떨어져 '나'에게로 돌아가고 싶은 절실함을 알기에 저간의 고충을 짐작하고도 남습니다.

저도 오랜만에 가벼운 마음으로 산을 찾았습니다만 산도 그간 신열이 잦았었나 봅니다. 삭정이까지 떨어낸 수척함은 그러나 성장의 순환을 위한 자정의 과정임을 아는 터라 담담하게 잔설을 밟으며 잣나무 군락을 한 바퀴 돌고 내려왔습니다. 그리곤 일과를 마무리짓듯 아궁이에 불을 지펴 놓고 서재에서 퇴계 선생님의 시문詩文에 정신을 팔고 있었습니다. 얼마간의 시간이 흐른 뒤, 창 밖 개울가에서 새가 깃을 접고 내려앉는 기척이 들렸습니다. 책장을 덮고 밖으로 나갔지요.

밖은 이미 먹빛 어둠이 마을을 품었고, 아궁이에 불꽃도 재가 되어 있었습니다. 이런 시간에 시린 여울에 깃을 접다니, 고양이처럼 몸을 낮추고 조심스럽게 걸음을 떼어놓았지요.

마른 푸새 사이로 청둥오리 세 마리가 얼음장 틈새로 어린애 오줌발만큼이나 시답잖게 흘러가는 개울에서 먹이를 찾고 있었습니다. 순간 저 일을 어쩌나 싶었습니다. 지난여름, 사방공사 때 일곱 개의 인공 낙차를 만들고, 둑을 쌓느라 시멘트를 들어붓다시피 하여 그 독성으로 다슬기는 물론, 물고기들조차 씨가 마른 상태이기 때문이었습니다.

돌을 하나 집어 던졌습니다. 새들은 돌팔매에 푸드득 허공으로 솟구쳐 오르더니 이내 어둑한 능선너머로 사라졌습니다.

언 손을 부비며 방으로 들어와선 H선생을 생각했습니다. 그분에게 전화를 받은 것은 산에서 내려온 직후였지요.

"김 선생 이렇게 막막할 수가 있습니까?

죽을 수도 없고, 숨이 막힐 지경입니다."

H선생의 목소리는 정말 시르죽어가고 있었습니다. 70줄로 들어서서 느끼는 막막함이란 모르긴 해도, 일종의 우울증 증세이거니 싶었습니다. 집안은 폐광처럼 적막할 테고, 기억력 퇴화로 존재의 명분도 뚜렷하게 내세울 수 없는, 그리하여 '시간 죽이기'의 지루함에서 오는 막막함인 줄 뻔히 알면서도 찬물을 끼얹고 말았습니다. 엄동설한에 따뜻한 방안에서 먹고 잘 수

있는 것만으로도 행복하지 않느냐는 식으로 대꾸를 했으니까요. 그리곤 곧바로 후회하였습니다. 말부조는 못할망정 들고 있는 쪽박마저 깬 것 같아서였지요. 필경 전화기를 내려놓으며 '너도 불원간 나와 같이 될 것이니 어디 두고 보자' 어금니 사려 물고 뇌까리는 소리가 고장 난 확성기처럼 윙윙거리는 것이었습니다.

저도 미구에 H선생님이 시르죽어가는 저 권태로운 언덕에 도달하고 말 것입니다. 그럼에도 그 분의 '막막함'에 동조할 수 없었던 것은, 아직도 정신의 고고함을 성역처럼 지키려는 아집과, 추운 날 방 한 칸의 조촐한 영일寧日을 대수롭게 여기는 것이 마땅찮아서였습니다. 나이 들수록 원시적일지라도 삼시 세끼 배부르게 밥 먹을 수 있는 조건만으로도 자족 할 수 있어야 외로움에 찌들지 않으니까요

'밥' 이야기기 나오고 보니, 생명 있는 것들치고 먹이에 대한 본능처럼 절실한 것은 없을 것입니다. 새들이 어두운 산맥을 넘어가는 것이나, 밥벌이를 위해 인간시장에 몸을 상품으로 내놓은 사람들을 보면, 먹이가 목숨일 수밖에 없는 진정한 이유를 알게 될 것입니다.

7년 전입니다. 현재 살고 있는 집을 짓고 있을 때, 목수를 따라 청주에 있는 인력시장 근처에 차를 댄 적이 있었습니다. 판넬에 박힌 못을 뺄 일꾼을 구하려고 나갔던 것인데, 인력시장이란 난장 속을 보고는 충격을 받지 않을 수 없었습니다.

IMF란 경제 공황에 휘둘려 부도를 냈거나 하루아침에 밥줄을 놓친 실업자들이 장마 때 봇물 넘치듯 했으니까요. 20대에서 60대까지 노소를 막론하고 저마다 몸을 상품으로 줄지어 내놓고 고객의 선택을 기다리고 있는 행렬 자체가 충격이었습니다. 목수가 차 문을 잠그고 신호를 보낼 때까지 절대로 문을 따선 안 된다고 쐐기를 박았던 것도 여차 하면 벌떼처럼 달려드는 시장 사람들의 생리를 경계하기 위해서였습니다.

목수는 담배를 꼬나물고 인간상품을 고르기 위해 사람들 사이를 비집고 다니다 20대 후반쯤 돼 보이는 청년 둘을 데리고 나왔습니다. 목수는 자기가 선택한 상품을 트럭에 태우곤 어서 따라오라고 눈짓을 보냈습니다. 저도 재빠르게 시동을 거는 순간 느닷없이 들통을 짊어진 아주머니가 차 앞으로 달려와 길을 막는 것이었습니다.

"나 좀 태워 주세요. 어린것들이 굶고 있어요."

굶는다는 말에 꼼짝없이 발목이 잡혀 문을 열지 않을 수 없었습니다. 여자는 쫓기듯 뒷좌석에 몸을 던졌고, 저 역시 신속하게 문을 잠그고 목수의 꽁무니에 바싹 따라붙어 난장 속을 빠져나왔습니다.

여자는 연신 고맙다는 말을 전했습니다. 60대 초반인 여자는 사흘째 젊은이들에게 밀려나 일곱 살 난 손녀와 다섯 살배기 손자가 라면으로 끼니를 때운다고 했습니다. 아들은 교통사고로 뇌를 다쳐 2년째 의식불명이고, 식당에서 종업원으로 생계를 꾸려오던 애 어미는 어느 놈팡이와 눈이라도 맞았는지 소식 끊어진 게 반년이 지났다고 했습니다.

여인은 종일 벽돌을 져 날랐고, 청년 둘은 목수의 지시에 따라 판넬에 박힌 못을 뽑았으며, 동강나고 귀 떨어진 벽돌을 한갓진 곳으로 치웠습니다. 그런데 이들에게는 혐오감을 주는 흉터가 있었습니다. 키가 작달막한 청년은 왼편 이마에서 턱 밑까지 칼로 긁힌 자국이 링거호스만큼이나 두드러졌고, 몸이 홀진 청년은 오른 손 검지와 장지가 절단되어 있었습니다. 게다가 골바람 한줄기도 불어오지 않는 중복 날이어서 그냥 서 있기만 해도 땀이 비 오듯 쏟아졌습니다. 그럼에도 손등을 덮고 있는 소매 끝 한 자락도 걷어 올리지 않고 버티는 것이었습니다. 일꾼들 사이에선 분명 팔에 문신을 해서 그럴 것이란 추측까지 나돌았지요. 저도 목수에게 왜 하필이면 저런 사람을 뽑았냐고 투덜거리자 뜻밖에도 저 흉한 상판이 불쌍해서 데려왔다고 했습니다. 그도 자식을 둔 아비로서 자식 또래의 청년들에게 측은지심을 느낀 인간성에 그만 말문이 막혔습니다.

일을 끝내고 인부들에게 중복별식으로 삼계탕을 한 그릇씩 돌렸습니다. 저녁을 먹은 뒤 품삯을 받아들고 막차에 오르는 두 사람의 뒷모습이 몹시 안쓰러웠습니다. 날품팔이란 언제나 가뭄에 비 찔끔거리듯 감질만 나기 마련이니까요. 하룻밤 잠자리와 일용할 양식을 위해 눈만 뜨면 난장판에 몸뚱이를 상품으로 내놓는다는 것은 또 얼마나 치욕적인 노릇입니까. 신으로부터 버림받은 시지프가 운명의 바윗덩이를 산정 위로 굴려 올리는 형벌보다 더 자존심 상하는 짓이기에 열심히 살라는 덕담조차 하지 못했습니다. 빈 입으로 염불만 하는 것 같아서였습니다.

그 후로 가끔씩 되 건너 올 수 없는 강 저편에서 누군가 눈을 흘기고 있는 것 같은 환상이 망막에 어리곤 합니다. 이렇게 농한기가 되면, 거실에서 넓은 유리창을 통해 빨간 함석지붕의 목사님 사저와 어린 염소들이 콩깍지를 먹다가 묵정밭으로 뛰어나가 노는 풍경을 바라볼 때나, 눈보라 이는 밤, 램프에 불을 켜고 차를 우려 잔에 따르다가 혼자서만 이런 것을 누려도 되는가 싶어 차 맛을 잃곤 합니다. 누군가를 위해 징검돌이 되지 못하고 살아온 것이 부끄럽기는 지금도 마찬가지입니다.

시린 여울에 부리를 박고 먹이를 찾던 새들은 지금 어디에서 깃을 접었을까요? 밤이 깊어지니 새들의 안부가 더욱 궁금합니다. 오늘 밤은 아무래도 깊이 잠들지 못할 것 같습니다.

2007년 12월 28일

편지

– 꽃 진 뒤, 아쉬움까지도

쏙독새 우는 소리를 들으며 책상 앞에 앉았습니다.

"편지를 쓰는 사람은 행복하다 / 편지를 받는 사람은 더욱 행복하다 / 편지를 쓴다는 것은 아직 살아 있다는 거 / 아직 그리움이 이어져 있다는 거 / 아직 같이 있다는 말이 아닌가."

조병화 선생의 〈편지〉를 읽으면 행복해집니다. 편지란 실로 받는 쪽이나 쓰는 쪽이나 더불어 즐거우니까요. 처음 우리들의 인연도 편지로 시작되었지요. 저의 두번째 수필집 ≪숨은 촉≫을 읽고 보내신 편지에서 서로가 느끼는 정서의 주파수가 비슷하다는 것을 알게 되었기 때문이었습니다.

이후 당신은 주로 새벽에 메일을 보냈고, 저는 한밤에 답장을 썼지요. 사람들에게서 받은 상처로 인해 삶이 뿌리째 흔들리거나, 외로움이 사무치는 날에는 편지의 필연성은 더 절실했습니다.

오늘 보낸 편지의 첫 줄은, 아파트 내의 공원바닥에 깔아 놓은 블록 틈새로 가는 대궁을 밀어올리고 핀 제비꽃에 관한 얘기로 시작되었습니다. 이른 봄에 피었어야 할 제비꽃이 지각생처럼 뒤늦게 홀로 나타난 꼴이 안쓰러워 눈을 맞추니 "사는 게 힘드시죠? 저도 틈을 비집고 나오느라 힘들었어요. 그런데 사람들은 우리가 피었을 때만 사랑해요. 꽃이 진 뒤의 아쉬움까지 사랑해 주었으면 좋겠어요." 그래 당신은 미안하다고, "앞으론 그렇게 하마." 약속했다면서요. 이건 어디까지나 당신의 내면에서 일어난 짧은 동화 같은 얘기지만 감동의 울림은 오래 남을 것 같습니다.

한 떨기 들꽃이 피었다가 진 자리! 그 아쉬움까지도 사랑해 달라는 제비꽃의 요구가 턱없다고는 생각지 않습니다. 도시에서 눈만 뜨면 일터로 달려가는 사람들은 먼지만큼이나 작은 꽃씨가 블록 사이에서 어렵게 싹을 틔우고 뿌리를 내려 꽃을 피우기까지의 과정에 대해서나, 꽃의 한살이에 관심은 고사하고 눈길조차 제대로 주지 못하니까요. 무엇이 중요하고, 어떻게 사는 것이 아름다운 삶인지, 또 무엇을 보고 느껴야 즐겁고 행복할 수 있는지 생각할 겨를도 없으니 어찌 블록 틈새에서 핀 작디작은 들꽃의 장한 모습을 온전히 볼 수 있었겠습니까.

각설하옵고, 지난 달과 이번 달에는 전화요금 계산서에 적잖은 금액이 나왔을 것으로 짐작됩니다. 근 한 달 동안 틈나는 대로 몸조심하라는 당부로 시작하여 양생법이며 신체에 따른 여러 가지 조심할 사항들을 세세하게 일러 주셨으니 어찌 아니 그렇겠습니까. 사실 그 당시엔 몸도 몸이지만 골프장 반대 사건으로 사람들에게 받은 상처가 몸을 더 상하게 했으므로 당신의 격려와 애정 어린 충고는 제가 붙잡을 수 있는 유일한 끈이었답니다.

생각해 보면 어리석기 그지없는 짓이었습니다. 또 한 번 명잇기 의식을 치렀던 것은 불가항력이었다손 쳐도 그 무엇 한 가지라도 달라진 것이 없다는 사실에 대해 배반감을 느꼈다는 것은 가당찮았습니다. 아침밥을 짓다가 혼절하여 119에 실려 병원으로 가던 날에도 봄꽃의 개화는 눈부셨고, 먼저 핀 꽃들의 낙화는 또 얼마나 가벼운지 하늘과 땅의 경계가 혼미하게 보일 지경이었지요. 한 인간이 심장이 조여드는 압박감을 견디지 못하여 삶의 행간에서 튕겨 나와 생사의 갈림길에 놓여 있는 긴급함과는 상관도 없이 말입니다. 응급실에서 의식을 회복하고 병실로 돌아온 것은 열한 시가 조금 지나서였지요. 세 시간 동안 혼수에 빠져 있는 동안에도 우주의 만상은 처처에서 제 나름대로의 모습을 깔축없이 지켜 가고 있었습니다.

저는 심한 갈증과 미열과 급격하게 떨어지는 혈압으로 손가락 하나 움직일 힘조차 남아 있지 않았어요. 링거액이 혈관을 타고 흘러들었고, 다시 혼곤한 잠 속으로 빠져 들었다가 깨어났을 때에는 유리창 가득 검붉은 노을이 해일처럼 밀려들고 있었습니다. 낮과 밤의 교차가 시작되고 있었으며, 복도를 지나가는 어수선한 발걸음 소리와, 웃고 떠드는 사람들의 행위도 지극히 자연스러웠습니다.

다시 눈을 감았습니다. 몇 해 전, 암세포를 몸에서 제거하기 위해 병원으로 가기 전에 있었던 일들이 생각났습니다. 입원 수속 절차를 마치고 집으로 돌아온 사흘 동안 옷장이며 사진첩과 편지 등을 정리하고 남편이 겨울 한철 먹을 수 있는 밑반찬 준비로 바빴습니다. 혹여 다시 돌아오지 못할 수도 있을 거란 생각이 들어서였어요. 병원으로 떠나던 날 아침엔 새로 맨 댑싸리비로 집 앞 오솔길을 정갈하게 쓸었습니다. 그리곤 차에 올랐지요. 싸리비 자국이 선명하던 집 앞 오솔길을 바라보니 찬바람이 가슴속을 휙 스치고 가는 것 같았습니다. 도스토예프스키는 사형집행 전에 주어진 5분을 동지들과의 결별을 위해, 세상을 하직하는 자신과 세상을 마지막으로 봐 두는 일로 쓰겠다고 하였지만, 저에게 있어 수술 사흘 전은 살아온 자리를 치우고 살아 있는 자를 위해 반찬을 만드는 일로 소비했던 것입니다. 그리곤 오솔길 풍경을 가슴에 품고 병원으로 향했습니다.

수술을 받던 날에도 그러했습니다. 집기를 든 간호사들과 의사들, 몸에 부착되던 수십 개의 차고 섬뜩한 의료기구들, 척추에 꽂히던 주사바늘에 의하여 무의식 상태로의 쓸쓸한 잠행이 시작되는 순간까지 비교적 평온한 상태를 유지하고 있었습니다.

한데 그날은 왜 그렇게 생뚱맞은 생각을 했었는지 모르겠습니다. 제가 죽는다고 해도 세상은 하나도 달라지지 않는다는 사실에 대하여, 아니 풀 한 포기, 나무 한 그루조차도 나와 유기적이었다는 믿음과, 그 믿음의 돈독함조차 다 착각이었다는 일종의 배반감에 시달렸던 것입니다. 모란과 라일락이 피고, 나무는 새로운 마디를 만들기 위해 새순을 키우는 것도, 거리에 넘실거리는 인파도, 자동차의 행렬도 한 인간이 나고 죽는 것과는 별개인 줄 알면서 아니길 바랐던 것입니다. 이러한 것들은 결코 뻔뻔함도 아니었고, 한 인간에 대한 배반도 아닌 하나의 질서였고 개개인의 일상이었으며, 진실한 삶의 모습인데도 저 혼자서만 그 무엇인가 한 가지쯤은 달라질 것으로 믿고 싶었던 것이지요. 이 가당찮고 어처구니없는 착각이 스스로도 부끄러워 젖멍울 앓을 때와도 같이 자꾸만 몸이 움츠러들었습니다. 끝내는 시트를 머리까지 끌어다 뒤집어쓰고 속이 후련하도록 눈물을 쏟고서야 퇴원을 서두를 수 있었습니다.

집으로 돌아와서도 여러 날을 상처받은 짐승처럼 방안에 틀어박혀 지냈습니다. 제가 경험하면서 자신의 조영 안에서 느꼈던 생의 모든 것들이 지우면 그만인 낙서이거나, 아니면 한바탕 웃고 떠들었던 농담 같다는 생각이 들었어요. 글을 쓰는 행위조차도 공연한 짓거리란 생각을 머릿속에서 지울 수가 없었습니다. 죽음의 유혹이 수시로 저를 꾀었고, 눈자위는 날로 꺼져 갔지요. 허무의 극점은 끔찍하리만치 사람을 무력하게 만들었습니다. 이런 제게 당신은 아침저녁으로 손을 뻗어 허무의 심연에 빠진 저를 끌어 올렸습니다. 때로는 넘어지지 않고 가는 사람이 어디 있더냐고, 사람의 한생이 맘먹은 대로 호락호락한 줄 알았냐며 호되게 몰아세우기도 했었지요.

이제는 당신이 전해 주신 블록 틈새에서 핀 제비꽃이 지닌 생명의 거룩한 본능과 '꽃 진 뒤의 아쉬움'까지도 가슴에 품을 수 있게 되었습니다. 큰 가르침으로 또 한 번 일으켜 세워 주셨습니다.

어느덧 밤도 깊었습니다. 기포 같은 이슬이 꽃잎에 매달려 별들과의 입맞춤으로 빛나겠군요. 어디선가 꽃 한 송이 바람에 흔들리며 희망처럼 피어나기도 할 것입니다. 그만 잠자리에 들겠습니다.

내일도 무해무탈 하소서.

2007년 4월 30일

■ 연보

•약력

1944년	충주시 엄정면 미내동 47번지에서 출생.
1954년	엄정초등학교 입학 (8세 입학 했으나 몸이 약해 10세에 다시 입학하였음).
1959년	엄정초등학교 졸업 후 결핵성 늑막염과 악성빈혈로 진학 포기. 병원과 산골 암자에서 6년간 지냈음.
1966년	오빠들과 가정교사에게 중등교육을 수박겉핥기로 배우고 타자학원과 주산학원을 다니며 자격증 취득.
1968년	충주축협 임시직원 취업.
1969년	결혼.
1989년	충청일보와 중부매일 여성칼럼 집필.
1991년	월간수필문학으로 등단.
1995년	동양일보 〈아침 창가에서〉여성칼럼 집필
1998년	청주지방법원 민사 및 가사조정사건 가사조정위원 위촉받음
2002년	충주신문과 국민일보 여의도 에세이 칼럼 집필.

•소속 단체

충북수필문학. 충북여성문협. 충주문협. 한국문협과 한국 수필문학 진흥회 이사. 수필과 비평 편집위원. 문우회회원.

•수상

1997년　　월간수필문학상.

1998년　　충북수필문학상.

2004년　　신곡문학상.

2006년　　제1회 충북여성문학 작가상.

2009년　　현대수필문학상.

•저서

1996년　　≪달의 序曲≫.

2003년　　≪숨은 촉≫.

2004년　　≪미완의 집≫.

2008년　　≪수렛골에서 띄우는 편지≫.

현대수필가 100인선 · 61
김애자 수필선

내가 하나의 풍경이 될 때

초판인쇄 | 2010년 7월 1일
초판발행 | 2010년 7월 15일

지은이 | 김 애 자
펴낸이 | 서 정 환
펴낸곳 | 좋은수필사

주 소 | 서울시 종로구 익선동 30-6
운현신화타워 빌딩 3층 305호
전 화 | 02)3675-5635, 063)275-4000
등 록 | 1984년 8월 17일 제28호
홈페이지 | http://www.shinapub.com
e-mail | essay321@hanmail.net

값 7,000원

ISBN 978-89-5925-330-2 04810
ISBN 978-89-5925-247-3 (전 100권)